任性出版

墜入情網的科學方法

愛情的非受迫性心理學，激起多巴胺讓好事發生

心理學家，在知乎心理學領域擁有27萬關注者
葉壯——著

目次

第2章 高情商約會的正確打開方式

第3章 正面對決磨合期的矛盾……125

第4章 只差臨門一腳，表白的注意事項

推薦序

華燈已經初上，你的脫單技能也要跟上

諮商心理師、約會教練、《一出手脫單又脫魯》作者／瑪那熊

為此書寫推薦序的時間點，恰好是二〇二一的年末。要知道，單身者可是最討厭這段時間了：溫馨幸福的耶誕鈴聲、牽手依偎的路上情侶、跨年時的相擁接吻，這一切似乎都與單身的自己無關，但不論走在街道、往返公司或打開電視，都會被這樣的情景及氣氛圍繞著。

與這群放閃的情侶相比，獨自吹著冷風滑手機，還真有點孤單寂寞覺得冷。「我也不是自願單身，就真的交不到啊！」你如此吶喊，話語中充滿著一些憤怒

與不甘心，但更多的是淡淡哀傷。

面對愛情，或者說脫單這件事，你已經有過不少挫折、感慨與不愉快經驗。或許是曾為了某個女孩不斷付出，最後看著她對一位型男燦笑揮手，搭上了他的賓士C300；也許是某場聯誼認識了天菜，順利交換LINE後，卻總被已讀不回當空氣，邀約訊息彷若石沉大海。

又或者你下定決心，花了大把銀子去學把妹、搭訕，雖然剛開始嚐到甜頭認識了幾個女生，但很快發現這些關係根本不持久，來得快去得快、徒增唏噓。

你還可能三不五時跟所謂的戰友們，批評別人「很beta」（主要特徵為順從與跟隨），深信自己才是「看透兩性真實互動」的人，但實際上你整天提心吊膽、怕自己「不夠alpha」（主要特徵為主導與控制）、「會被女人鄙視」。

於是，你變成了自己都不認識的陌生人，錢花了、也努力了，卻還是只能唱著陳奕迅的〈聖誕結〉：「Lonely Lonely Christmas，想祝福不知該給誰。」

再這樣下去，你搞不好會被招攬加入「仇女陣營」，跟著一些酸民在網路發表「女人就是現實」、「臺妹只愛8＋9」、「被騙被打活該」這類攻擊言論。

而這一切，只會讓你離幸福的愛情更遠。我相信你一定渴望，在冷冽的冬天與心愛的人相互取暖；在悠閒的休假日與喜歡的她一起漫步。

在黑化成酸民前，我們還有機會實現這些美好畫面，因為脫單其實說難不難，只要你找對方法。這本書就是以許多心理學、社會科學為基礎，帶領我們一窺脫單之技巧，激起多巴胺讓我們墜入情網。

比起一些把妹理論老愛用來為自己背書（但其實模糊籠統又證據不足）的所謂「人類天性」、「遠古部落」、「基因決定」，本書的內容有科學方法佐證，實在有說服力太多。

此外，本書的策略與我自己的書《一出手脫單又脫魯》相似，是以「吸引」為主體，來建立「長期穩定的愛情關係」。當然，裡面的一些眉角想應用在短期關係也可以互通，但主要內容對想要談場認真戀愛的你，具有莫大的功效。

書中的描述與分析，也與真實世界中的男女動態貼近，例如「友達以上，戀人未滿，怎麼打破」那章的切入點，與我前陣子幫諮詢學員從「多年好友」，順利轉職為「男朋友」所採用的技巧，有高度雷同。

又例如談到「培養愛情的四種正確花錢方法」這一章，作者打臉了許多酸民愛說的「有錢就能脫單」、「女人都看錢」，而是邏輯清晰的告訴我們，金錢在愛情中的意義與用法是什麼。這讓我想到，我常在講座中提醒臺下（或電腦前）的學員們：「錢花對地方，才能發揮它最大的價值。」

若你自認在情場屢戰屢敗，請別放棄希望就此躺平，更別急著加入酸民陣營。不妨先把本書看完，愛情絕對值得你再給自己一次機會！

前言

愛情不是泡麵，光靠沖泡難成功

很多「單身貴族」們為了擺脫單身，找到另一半，可謂無所不用其極。總體來說，方式無非兩種：一種叫「泡」，一種叫「套」。

什麼叫「泡」呢？就是覺得男生追女生，要靠死纏爛打、甜言蜜語，今天請客吃個飯，明天買隻好口紅；女孩跟男孩相處，就是要溫柔甜蜜、浪漫滿屋，要親手為他做飯，還要關心他的事業。

的確，這些行為都能成為愛情中的小確幸，但愛情不是泡麵，光靠沖泡是無法成功的，更不是西天取經，靠精誠所至，就能金石為開。

至於「套」，就走上了另一種極端，一如當今流行的戀愛套路學，裝矜持，怎麼撩、怎麼欲拒還迎、怎麼請君入甕等，愛情沒了真誠的基礎，反而變成了推倒與反推倒之間的博弈掙扎，真情實感少，花招倒是百出。

其實，這兩種理念都不對，一個錯在抱殘守缺，一個錯在三觀不正。真正可靠的戀情，往往是真情實感、承諾與責任心、高品質的交流互動，這三樣東西的組合。

真情實感這點無法自己控制，人很難說愛就愛，也很難說不愛就不愛，更難的是明明不愛，非要勉強去愛；而承諾與責任心，在於個人覺悟，是經年累月的塑造，要改變也不容易，坦白講，這不是靠一堂戀愛網路課程就能解決的問題。而且，只靠這兩點，你也許能搞定你喜歡的人的媽媽，你卻搞不定你喜歡的人。

我有一個朋友，人很老實，長相中上，對當時心儀的女孩子一片真心，沒有任何不良嗜好，家裡也不缺錢，非常有上進心，可以說是任何老太太都看得上的女婿。

但是，我這朋友實在太「悶」，對女孩子只會一股腦的貼心，對對方好，沒有什麼交流和情感表達。他滿心認為：「凡事都要看行動，漂亮話說得再多也沒用。我對妳這麼好，妳只要不是傻子，應該珍惜我。」可對方卻不這麼想。

一個活生生的人，卻沒有AI藍芽音箱來的健談，以後怎麼一起過日子？共同語言何來？生活情趣哪找？生活可不止柴米油鹽醬醋茶，人是社會化的動物，情感和交流可是必需品。我那朋友空有征服未來丈母娘的條件，卻沒有征服女朋友的本領，豈不可惜？

所以，高品質的交流互動，既是今天想談戀愛的人所缺少的資源，也是可以直接使用的高效工具。

可能有的人會說，這不就是俗稱的PUA（pickup artist，又稱泡學、把妹達人、搭訕藝術家。後泛指善於吸引異性，令異性著迷的男女們。但隨著PUA文化的變遷，定義已從簡單的搭訕，擴展到整個兩性交往流程）嗎？

我覺得不然，PUA的核心在於控制，以至於套路感滿滿，甚至在道德倫理上也有瑕疵，這也是PUA飽受詬病的原因。而高品質的交流互動之核心，在於讓雙方都能舒服，且有效率的讓彼此間的關係達成共識。

透過交流，你可以快速定位自己的戀愛人選，更好展現自己的戀愛優勢，帶領雙方進入開心的暢聊模式，甚至能很快在彼此身上找到心有靈犀的感覺。整個過程中，你們都是真誠且開心的，愛情也就有了一個健康的開始。

不過，你也可能會碰到這樣的情況：你發現自己並不那麼喜歡對方，對方似乎也的確對自己沒什麼興趣，那就別談了，大家都是成年人，何必浪費時間？

說到底，要如何開心且有效的找到屬於自己的戀情？看過目錄你就會發現，從定位潛在人選，到最終捅破窗戶紙的表白，涉及的方法很多，但它的主軸其實很固定：**就是關係的經營手段**。

本書要從四個由淺入深的普遍問題，教會你怎麼經營愛情的初級階段。

第一類問題，就是自我認知。兵馬未動，糧草先行，談戀愛之前先認清自己，是必要的準備。它有兩個意義，一個是「知己知彼，百戰百勝」的情報意義，一個是「打鐵還需自身硬」的戰備意義。我們在投身戀愛之前，一定先要明白自己的優勢在哪、短處為何、哪裡需要調整、哪裡需要多表現等。

第二類問題，是如何在茫茫人海中，定位可靠的戀愛對象。全世界近幾十億人口，在這龐大的潛在人群裡找戀人，別說奢望找到「最適合你的另一半」，要避開爛桃花都不容易。如何培養出找到可信賴對象的鷹眼，也是核心能力。

第三類問題，就是如何藉由和諧的交流，和那個他由淺入深的培養感情。「尬聊」的問題已經越來越普遍，甚至「好好說話」變成了一種稀缺能力，你可能碰見過這種情況：原本挺合適的兩人，話趕話（按：中國用語，緊接著對方的話題說話）的一聊，結果就沒了下文。愛情的火花本來就寶貴，而火種的延續更是需要呵護，火需要燃料和氧氣，愛則需要情感底蘊與溝通技術。

至於**第四類問題，就是怎樣做好臨門一腳，成功表白——雖然今年過的是光棍節，但明年就改過情人節。**行百里者半九十，最後關頭，直接關係著能不能修成正果。表白約等於畢業答辯（按：中國一種有組織、有準備、有鑑定的較正規之審查論文的形式），求職最終面試，它可能短暫，但值得重視。

這些問題合起來，說的其實都是要好好經營你剛萌芽的愛情。**好的愛情跟好的企業一樣，都得靠「經營」，從頭開始戀愛，跟白手起家開公司，差不了多少。**經營所依託的是資本，投入的時間、金錢、情感、精力，這些都是資本，而我的任務，就是幫你打理好這些資本。

那你的手上，都有什麼牌呢？無非是四種。第一類資本，叫個體的外在資本，你的學歷、長相、收入等，都歸於此類；第二類資本，叫個體的內在資本，你脾氣秉性怎麼樣？你的審美情趣如何？你的三觀正確嗎？同時，談戀愛是兩個人的事，一個人談不了，所以另外兩類資本就涉及到「相處」。

第三類資本，叫伴侶的外在資本，指的是你與他的共同經歷；而第四類資本——伴侶的內在資本，指的是你們有沒有匹配的三觀，是否存在「心有靈犀」的交流基礎，以及有沒有透過長期相處，培養出相似性與熟悉感。

這四類資本的經營方法論，就是本書的主要重點。很多人談戀愛談不明白，要麼是覺得沒人可追、要麼是每次都相親失敗，或無法跟他人培養與發展長期愛情，說白了，都是資本經營不善的問題。他們不知道，自己付出了第一類硬資本之外，還有其他三種需要經營的軟資本。

我會利用社會心理學、發展心理學的研究成果，幫你解析這些資本，再幫你定位你的優勢和短處，不過，最重要的是，為你提供建議和解決問題的方法論，幫助你實現愛情。

最後，我再嘮叨幾句。梳理與準備書本內容的時候，我一直秉承著，「你需要的是可靠戀人，而不是偉大的愛情」這樣的價值觀。這裡的偉大愛情，指的是小說、電視劇裡那種轟轟烈烈、纏綿悱惻的愛情，可你要知道，你要是用電視劇裡的方式談戀愛，那不是把對方逼走，就是把自己逼瘋。那麼說到底，到底應該怎樣做，才能收穫美好愛情呢？

我想，還是要靠打好自己手上的牌。有的人，一手爛牌也能打出水準，有的人，空有一手好牌卻打得稀爛。**對當前著急脫單的很多人來說，玩轉資本的能力，其實比你有多少資本還重要。**

希望這樣的觀點能夠得到來自於你的共識，讓我們開始脫單之旅吧！

第1章

好想談戀愛？心理學替你助攻

01 愛情始於圈子，你得找到「主場優勢」

說到脫單，我就想起了中國歌手慕寒那首廣為流傳的〈單身狗之歌〉：

兩個黃鸝鳴翠柳，你還沒有女朋友；雌雄雙兔傍地走，你還沒有男朋友。

別人成雙成對，你形單影隻，連未來的他都不知在哪，該怎麼脫？因此，**第一節，我要教你「離開單身舒適區，在適當場合找到潛在戀愛對象」的技巧。**

備課期間，我跟不少急於脫單的朋友們聊過。他們之中有母胎單身的；有被舊愛傷得太深的；有誰也看不上的；有覺得誰都看不上自己的，形形色色。我一提到我的脫單課程，很多人問了同一個問題：「我覺得你這個課，有點像屠龍術。縱然你講了一大堆戀愛技巧、實作方法、科學知識，我要用在誰身上？巧婦難為無米之炊，聽了課我也遇不見那個他。」

沒錯！想脫單，先得有個對象。換句話說，**在愛上一個人之前，肯定有一個前置條件，那就是「遇見」**。為了幫你遇見，我想先和大家聊一聊「圈子」。

愛情始於圈子。首先，請你樹立第一個認知，叫做「**絕大多數愛情始於同一圈子中的交集**」。這句話有兩個關鍵字，一個是同個圈子，另一個是交集。同個圈子，顧名思義，你們得在同一個空間裡；交集，就是人群中回眸的一笑、秋波不斷電光閃閃的對視、相見恨晚的侃侃而談，或只是因為在人群中多看了你一眼，從此開始思念你。

為什麼在城市談戀愛，比在鄉村找對象要難？為什麼中學生早戀現象特別普遍，走進社會，想找個曖昧對象卻難上加難？因為在鄉村、在學生時代，有著共同的人際關係特徵：圈子小，交集深。小圈子內的深交，最容易迸發深厚的友誼、堅定的愛情。

很多人誤以為，自己單身是因為認識的人不夠多。其實談戀愛，**並不一定要跟逛淘寶一樣有那麼多候補選項，找不到那個人，問題不在於認識的人太少，而在於處於同一個圈子、並且深入交流的人太少。**

每個人都有好幾個圈子。你愛好健身，就有個健身圈；你喜歡美食，就在吃貨圈；你喜歡打手遊，身邊就圍著一堆戰友。你可能在多個圈子中找到愛情的種子，但並不是每個種子都能長成大樹，所以，你要學會的是，如何挑出能找到愛情種子的重點圈子，挖坑澆水，長出愛情的新芽。

我們根據你與他人交流和熟悉的程度，將圈子裡的人劃分為兩種。一種人叫「熟人交互」，你們彼此之間知根知底。例如在職場上，你總有幾個關係比較要好的同事，經常一起吃飯逛街聊八卦；另一種人叫「準熟人交互」，同樣是職場，你和主管的交流可能僅限於工作分配和交付，出了辦公室，就是點頭之交的陌生人。

如果在一個圈子裡，你們只是見面打招呼的泛泛之交，談什麼愛情火花？難道你想全靠一個眼神來傳遞你內心的火熱嗎？因此，你的任務就是尋找契機，與他人從準熟人交互的狀態，跳轉到熟人交互。如此一來，才有更高機率擦出愛的火花。

我跟我老婆當年的愛情小火苗，就是這樣點燃的。當時我們任職同一家公司，我負責拓展與跟進專案，她負責主導專案。單論職位，她還比我高一等，剛開始，我們的交流僅限於工作，我提需求，她交付內容。一來一往之下，在工作上磨合出了一點默契，但是，這個階段，我們彼此還只處於準熟人交互的狀態。

我們從準熟人交互過渡到熟人交互，有兩個契機。一個是我們共同主持公司年會，為了準備串場臺詞，我們提前幾天到了年會現場，放下平日的工作，交流了很多平常在工作上不會聊到的話題，成了好朋友。還有一個就是她升職加薪，正式轉到了北京總公司，於是我自告奮勇，幫她在北京找房、租房、採購、搬家具。萬幸當時我找房子特別盡心盡力，過了不到一年，我也搬進了那個房子裡。

這就是正確打開圈子的方式，你的戀愛沒萌芽，不是因為你圈子窄，也不是因為你圈子少，而是因為你在圈子裡，太就事論事了。

人們只在表象上看到同學容易戀愛、同事容易結婚、同好容易在一起，但這背後的原因是什麼？是因為，愛情往往是圈子的副產品，如果在一個圈子中拓寬交流的主題，才更有可能孕育出愛情。

意識到了這一點，接下來我們談談怎麼利用圈子，才能實踐戀愛知識與技巧。首先，我們需要找到有助於你發現愛情種子、並且能提供愛情土壤的圈子，也就是所謂的「重點圈子」。

什麼樣的圈子算重點圈子呢？普爾研究中心的高級研究員瑪麗·麥登（Mary Madden）和艾曼達·蘭哈特（Amanda Lenhart），針對「約會」此主題，進行了十年的追蹤研究。

研究證明，情侶中有三八％曾是同學、同事，或者在學業或事業上有交集；有三四％透過家人或者朋友組織的活動認識；還有一三％是在俱樂部、博物館、咖啡廳、劇場等場合萌生好感的。

值得一提的是，藉由網路上互動促成的情侶，預計占比已超過一成。看見沒有？這些場合更容易找到重點圈子，更容易萌發愛情。其次，你需要找個送助攻的人，俗稱電燈泡。一見鍾情的概率很低，人與人第一次見面，往往是你沒看上我，我也沒看上你。但是，如果有個老同學、親戚等連接你我，雙方更容易互相青睞。

換句話講，加入一個新圈子，總要有個引薦人。他對你的評價與態度，將成為其他人的重要參考標準，同時，他也能幫你破冰，讓你跟其他人的交流變得自然順暢。

圈子裡的人互動時，你需要把握什麼情況下應該冷眼靜看、按兵不動；什麼情況下應該主動出擊、先發制人。換句話說，與他人互動時，要選對合適的時機，也就是正確的互動場景。

美國康乃狄克大學（University of Connecticut）的心理學教授伯納德．莫斯騰（Bolnard Murstein）認為，在正確的場合裡跟圈子裡的其他人互動，可以有效讓你把交互內容和深度，往熟人交互的方向前進。

你要知道，絕大多數場合的根本目的，並不是為了促成男男女女們戀愛。例如我們在學校自習，這個場合的目的是學習；在公司的會議室開會，是為了推進工作；參加聖誕派對，是為了慶祝聖誕新年，放鬆社交。如果你在聖誕派對上認識了一位異性，三言兩語後發現相見恨晚，進而眉來眼去、暗送秋波，你們很有可能展開浪漫之旅。

從陌生人變成情侶，可能是某個場景重複出現，或者一系列特定場景的組合出現，進而營造出的副產物。但是，並不是在所有場合都能讓你有所收穫，你在公司的會議室裡暗送秋波，很可能收穫一堆白眼，當事人覺得你有病。因此，我們要學會區分什麼樣的場景適合發展「愛情副產物」。

莫斯騰教授將人跟人的交流場景分成開放型場景（Open Fields）與閉合型場景（Closed Fields）兩個類別。

開放型場景指的是，那些不需要特定交互就能完成根本任務的場景。這樣的場合不強調個體互動，人們挖掘潛在親密關係的機會並不多。比如一起走在馬路上、大操場上三三兩兩跑步、一群人做廣播操。在這些場合裡，人們互不干涉，你我雖然同在一個空間，但並不存在什麼溝通與發表見解的必要。

有個男孩朝操場裡跑步的女生吹了個口哨，很少有女生會還以一個好臉色，代表這不是個適合勾搭的場合。

而閉合型場景就完全不同了，這樣的場合如果沒有深入交流與互動，就很難達成場合存在的終極目的，比如讀書分享會、面試、打麻將。在這些場合裡，單方面的深度展示以及彼此間的深度探討，就有了更好的氛圍與更好的效果。

我們不妨拿打麻將來舉個例子。該你出牌了，可你扭扭捏捏，這就會讓早就決定要打哪張牌的下家非常焦慮，你要是不打，他就沒法摸牌，這麻將就打不下去了，這就是典型的閉合型場景。

「酒桌上好辦事」也是同一個道理。敬酒這種事情，總要多方參與才玩得起來，一旦大家必須投入這種交流，自然而然的也就開始聊一些飯桌之外的東西，於是進一步加深了理解，培養了感情，甚至達到了一些功利化的目的。

有句話叫「上門修電腦，好人當到老」。我有個朋友在好幾年前便深受其害。他從上大學開始就替女生修電腦，很長一段時間內還誤以為這是個天大的好機會，不過，可別說抱得美人歸了，請他吃一頓飯的女生沒幾個，不少女生連杯水都沒倒給他。

不是男生長得醜，女生不禮貌，原因很簡單。修電腦這種事，你修你的，女生就在旁邊等著，你們不用互動、不用交流，縱然你們得以獨處，但可這是開放型場景，你們沒法向熟人交互的方向靠攏，更不要提培養超越圈子的交集了。

他跟我說，他也想跟女孩子聊天呀，可是一開口說什麼硬體參數、平時用軟體的好習慣、怎樣保護瀏覽器別被攔截，女孩子都接不了他的話題，完全無法深入溝通。他只能埋頭幹活，早點完事早撤退。

等他吐完了苦水，我給了一個建議：「如果真的想讓關係更進一步，就琢磨一個跟電腦有關的、女孩子又能接上話的、還跟他們所在圈子沒啥關係的話題，可能效果就會好一些。」

很快，他找到了亮點：收納。我這個朋友特別喜歡收納電腦線路（走線），不管是電源線、滑鼠線、鍵盤線，還是顯示器連接線，他都能收得整齊。等女生再找他修電腦，他就隨身帶著理線帶和插線板收納盒，不僅把女孩子的電腦修好，還能順便跟人家聊聊家居收納和走線技巧。

於是女孩子請他吃飯的機率大大增加，他也有了更多空間表達自己的魅力。

不過，他找的女朋友並沒讓他修過電腦——找他修電腦的女生請他吃飯，同時還叫上了大學同學兼閨蜜。這位閨蜜跟我這哥們兒在「斷捨離」這個話題上相談甚歡，沒過多久就在一起了。

所以我非常建議，你與圈子中的他人互動時，要盡可能選擇閉合型場景。不僅意味著高品質的互動，更意味著你和對方在這個場景中，都會有更強的參與感，展現出來的資源與資訊也比較多，互相探討和了解也會更深入。

縱然不至於一見鍾情，但肯定可以提供愛情的土壤。假以時日，就能大大增加脫單的可能性。

總之，希望你能明白兩點：第一，**愛情始於圈子中的熟人交互。你認識的人再多，如果都是泛泛之交，也長不出愛情的果子**；第二，**你可以多加利用閉合型場景，這種場景裡，大家交流的深度和頻率都有保證。**

我想，對於不同的人而言，閉合型場景肯定也是有所區別的。有的人靠打麻將，有的人靠讀書會，有的人可能靠擠地鐵，你能結合自己的個人情況與職業，想到哪些可以利用的閉合型場景呢？試著回想看看！

02 顏值不高也能一見鍾情？因為「匹配偏好」

這節要來聊聊「顏值」，順帶解決一下，「約會見光死」這個難題。

我必須得說：「這真是個看臉的世界！」**德國有項研究顯示，人們大約只需〇．三秒，就能判斷對方是否具備做伴侶的潛質**。換句話說，一眨眼的功夫，你們倆就可能一見鍾情；也是一眨眼的功夫，你可能就被默默拉入黑名單了。

先別急著噴我膚淺。其實，我也不太認同顏值即正義，凡事都看臉。只是打從有愛情以來，顏值一直是用戶入口，大量的研究表明，如果不是老夫老妻，談「內在美」沒什麼意義，**你會愛上一個人的內涵，但這個人的外貌，可是深入理解內涵的敲門磚**。

這方面的例子實在太多了。打開任何一家相親交友網站，瀏覽心儀物件的個人頁面，我跟你賭沒幾個人會先看完個人簡介，絕大多數人會單刀直入：求真相（要照片）。這還不夠，甚至還會把照片下載到手機上，放大仔細研究。

聽起來非常簡單吧？進化心理學（Evolutionary psychology）認為，愛情最本質的目的是傳宗接代。要傳宗接代，你至少不能覺得對方噁心、讓你難受，因此，選個「看得順眼」的就十分重要了。

而什麼是進化心理學角度的順眼呢？請聽好：柔順的頭髮、明亮的眼睛、緊緻的皮膚、潔白的牙齒等條件，才稱得上順眼，因為這意味著健康，也意味著能生養。

其次，你要清楚外貌是關係能否深入發展的絕對重要變數。縱然你像孔雀開屏一樣，拚命輸出各種資源，如果對方就是看你不順眼，那也只能是瞎子點燈——白費心機。

明尼蘇達大學（University of Minnesota）的社會心理學家伊萊．沃斯特（Elain Walster），用實驗證明外貌協會極有道理。她邀請了明尼蘇達大學七百五十二名大一新生，並請他們提供個人詳細資訊，包括家庭背景、個人愛好、人格特質、自尊的程度以及戀愛史等。除此之外，伊萊也掌握了這些大一新生們的入學考試成績。最重要的是，她還組織了一票專業人士，為學生們的照片打分數——「格外吸引人」，得十分；「簡直沒法看」，對不起，只能得零分。

實驗準備就緒，每個學生皆收到一則他們將在下週末，參加由校方組織的聯誼派對的通知。在這個派對上，每個人會匹配到由電腦程式算出來的聯誼物件。但其實，根本就沒有所謂的電腦程式。

伊萊隨機匹配，將這些大學新生預先分成了三百七十六對組合，聯誼結束後，每一位實驗者都被要求再回答「你還願意和他／她再約會一次嗎？」的問題。結果是明確的，只要你長得漂亮、長得帥，別人就會更願意和你約會，至於其他的因素，都得往後排。

聽我說了這麼多，你或許按捺不住心中的怒火，就要拍案而起了。老子／老娘已經長這樣了，你和我講「外貌是敲門磚」、「顏值即正義」，有什麼用？

其實外貌也是三分看長相，七分靠打扮。因此，不管你這人多有內涵、思想多麼深刻、靈魂多麼獨特，也請整理好自己的儀容。接下來，我想講一講，不去整形，要如何提升外在吸引力。

我需要強調：男女有別。男人看女人，與女人看男人的角度是不一樣的。先說針對男生的。

我問過不少女孩子，最受不了男生的什麼地方。有兩個答案，一個是穿得像個學生，一個是不夠乾淨整潔。這裡要注意，她們說的不是不夠帥，而是不夠「乾淨整潔」。想提升外在吸引力，你要展現與年齡、身分相匹配的成熟，並表現出你能把自己照顧得非常不錯。

禮節、談吐、不那麼像學生的穿著，重點是要表現出什麼樣的資訊？說白了，其實就是成熟度。這種成熟度，指的是能夠勝任戀人身分的心智水準，這才是外貌最應該暴露的潛臺詞。

再說針對女生的。很多女生對約會相親該怎麼打扮，態度很矛盾。清水芙蓉素面朝天，顯得土；花枝招展濃妝豔抹，又有些騷；隨心所欲豁出去，什麼也不管了，看起來又不太用心。

妳肯定知道自己優勢在哪，就算不知道，也有大量的化妝、穿搭、配飾知識等著妳學。具體到心理學領域，我的建議很簡單，妳大可表現得比日常漂亮些，女孩子更在意顏值，對雙方都有好處。

許多進化心理學與社會心理學的學者都發現，人們很在乎異性的外貌，男人比女人更看重外貌。換句話講，不管東方人或西方人，不管十八歲或八十歲，不管漢人或印第安人，約會時都很在乎對方的外貌，而且男生更明顯。

我要說明的是，男人更看臉，並不代表著男性是花心的。因為漂亮的妳，一旦成功俘獲了某位男士，高顏值有助於提升婚姻品質。在針對已婚夫婦的調查中，我們**發現妻子比丈夫長得好看，夫妻雙方的婚姻滿意程度更高。**

總之，男女應該秉持著不同的外貌核心價值。男生應該致力於打造出安全感，不同的女孩子，對安全感的需求不一樣。有的覺得成熟穩重帶來安全感，有的覺得孔武有力帶來安全感，有的覺得博學多才帶來安全感。這時你需要具體分析，你也可以選擇一些普世的手段，比如千萬不要穿著髒兮兮的球鞋赴約。

至於女孩子，應該致力於提升自己的投資感。我不是在物化女性，我是說，約會一開始，我們就應該讓男性有投入資源的傾向。精力、時間、金錢、情感都算資源。如果妳非常非常高冷，縱然特別漂亮，對方也覺得在妳身上投入資源是打水漂。年輕有活力、陽光又開朗、安靜嫻淑、或者溫柔恬淡，對不同的男生殺傷力不同，但它們有一個共同性——刺激對方的投入。

最後，我想跟你談談，什麼樣的約會對象，更可能與你深入培養感情。

要知道，人們雖然偏愛長相非常出眾的異性，但他們通常並不會把偏愛轉變為行動。人們一直在潛意識裡對自己說，你喜歡那個長相出眾的人，可不意味著你要在他身上浪費時間，心裡得有點數！

心理學家羅森菲爾德（Rosenfeld H.M）發現，擇偶過程存在「匹配偏好」現象。匹配偏好指的是，雖然人們有很多高傾向的要素，比如配偶的外貌、財富和社會地位等，可為了規避偷雞不成蝕把米的風險，大多數還是會選擇差距不大的人深入接觸。

顏值也是同理，**與你相貌水準差不多的人，是你需要特別關注的，因為你們彼此選擇對方的機率很高。**社會心理學家艾倫·貝希爾德（Ellen Berschield）還有兩個驚人的發現，同樣可以給你啟迪。

第一點，如果相貌差距太大，哪怕漂亮的一方主動伸出橄欖枝，後者都未必買帳，「一朵鮮花插在牛糞上」，誰都不願意承認自己是那坨屎，心理學家們認為，這是因為大家心知肚明相貌差距太大，即便有激情，也未必長久。

電影《新娘百分百》（*Notting Hill*）中，雖然男女主角身分差距很大，但顏值都在同一個水準，所以最後還是有情人終成眷屬。

第二點，覺得自己特醜的人，往往反而有勇氣「搏一搏，單車變摩托」。反正自己已經是牛糞了，如果有鮮花垂青，何樂而不為呢？

在艾倫的實驗中，八分代表顏值顛峰，零分代表顏值墊底。給自己打六到八分的人，其約會對象的平均分是六．八四；給自己打一到兩分的人，他們的約會對象平均分是六．二六。這就解釋了「爛桃花」從哪裡來，為什麼一些鮮花會插在牛糞上。

總之，希望大家能明白，第一，外貌在交往初期，作用特別重要；第二，男性和女性都應該提升外在吸引力。對男性而言，它讓你更有成熟感與安全感，對女性而言，它能夠幫你爭取到更大的資源傾斜；第三，雖然大家都喜歡帥哥美女，但大多數是看看而已，不會和他們談戀愛。**想迅速脫單，你應該留意相貌水準跟自己差不多的人。**

03 打造優勢人格，「靠譜」才是王牌

如果你是男生，你有沒有過被發好人卡的經歷？你有沒有對這個標籤感到不知所措過？如果妳是女生，我堅信妳肯定想嫁個好人，但是，妳有沒有認真深入的想過，對妳自己來說，好人到底好在哪裡？好人的標準是什麼？人人都想娶好人嫁好人，但是現在在戀愛關係中，如果要說對方是個「好人」，卻怎麼聽怎麼覺得彆扭，甚至都覺得有點像罵人。

就請你先拋下以往對好人的定義和成見，我們一起探討，到底什麼樣的行為風格，能打造在戀愛中的內在魅力。

如果你問我，是什麼心理感受能讓兩個人決定走到一起，我不會說是愛情，

我會說是信任。很多人約完會或者相完親，在自己內心給約會物件貼上的標籤往往是「這人不可靠」。要知道，這個標籤的潛臺詞，不僅僅有「不喜歡」，更有「不信任」。

我爺爺和奶奶就是包辦婚姻（按：由非結婚者來決定對象的婚姻，有些包辦婚姻是得到結婚者同意由他人代替自己選對象），他們倆直到結婚當天，連句話都沒說過，但這並不妨礙他們踏實的相親相愛，過到現在八十多歲。

讓他們給彼此一個良好開始的，其實不是愛情，而是信任。我奶奶信任他爸，他爸信任隔壁村的我曾祖父，我曾祖父則信任我祖父，所以，我奶奶信任我爺爺，雖然當時他們還沒互相接觸，但是這種信任保障了，他們能在不抵觸的情況下，繼續發展更深入的關係。

哪怕雙方彼此都心知肚明的那種短期親密關係，比如週末情人之類的，這肯定不是建立在純真愛情的基礎上吧，但我們也不得不承認，它也是建立在某種程度的信任之上。**很多愛情為什麼結束？並不是因為雙方不愛了，而是因為彼此不再那麼信任對方了，那日子也就過不下去了。**

女孩子嫁人，老說是託付終身，沒有信任，妳託付哪門子終身？男孩子娶老婆，結婚那天在新娘閨房找到了鞋後，照很多地方的風俗，還要大喊「以後錢都歸妳管！」如果沒了信任，真金白銀你願意歸她管？

所以，在奔向戀愛時，不管你是男還是女，在讓對方喜歡上你之前，還有一件優先的事，那就是要讓對方信任你。

有很多情場老油條就特別擅長利用這一點，縱然女友換得頻繁，卻總能讓每一個女孩子產生「你只有對我才是真的」的這種信任感，這就很可怕了。這種信任感沒有實質上的基礎，卻能換來對方的情意綿綿，把套路鋪陳好，就等著對方上勾。

不管怎麼說，信任，是可靠愛情的基礎，你身上能凸顯你是個「好人」的人格特質，是你營造可信形象的資源池。很多人會見招拆招的認為，某些特定的人格特質，一定更容易謀得信任感，但我覺得這種眼界可能淺了點。的確，你如果宅心仁厚、樂觀開朗、勤勞踏實，會讓對方更容易信任你，但是這樣單方面謀求信任不一定管用，我們應該先站在一個宏觀的角度，看看信任感到底是怎麼來的，這樣就更容易指導我們應該怎麼做。

哈佛大學商學院的弗朗西斯·弗雷（Frances X. Frei）主要研究的議題就是「信任」，她研發的模型就完全適用於這個話題。

信任來自於三個方面，分別是真實感、邏輯感和同理心。說的直白點，這樣的人最容易贏得信任：能做到有血有肉的真誠，這叫真實感；你能做到有理有據的可靠，這叫邏輯感；你能做到讓對方覺得你懂他，這叫同理心。

先說真實感。建議就簡單兩個字：別裝。你富就別裝窮，你窮就別裝富，你懂就別裝傻，你不懂就別裝精明，請少點套路，多點真誠。你可能會反駁我：「滿大街的PUA，那不都是套路？」沒錯，但我不認為那能換回高品質的愛情，真誠待人才能知道誰會信任真實的你。

一九六八年，社會心理學家諾曼·安德森（Norman H. Anderson）做了一份調查。他向民眾投放了一個涉及五百五十五個具體個人特質的問卷，要求人們給這些特質評分。評分越高，說明他們越喜歡有這種特質的異性；評分越低，說明他們越討厭有這些特質的人。

調查結果中的前五名特質是真誠、誠實、理解、忠誠、老實；後五名是愛撒謊、假惺惺、刻薄、冷酷和不忠，前五個特質對戀情有積極作用，後五個則有消極作用。什麼幽默不幽默、聰明不聰明、深沉不深沉，那些都不重要，那些特質都是「青菜蘿蔔，各有所好」的行為特點，真正重要的是你要真誠，別裝。

如果你在約會中見過特別能裝的人，你一定能理解我想表達的意思。交流起來，累；擺臉色，顯得自己沒素質；老老實實聽他裝吧，又實在覺得不甘，裝怎麼讓人信任、喜歡他？

再說邏輯感。放在商界，講話絲絲入扣的人容易得到信任，這很好理解，但放在情場，邏輯感怎麼表現呢？重點來了！它表現在不要過度情緒化上，這也是我給你的建議，為了在約會初期贏得對方的信任，請不要表現得太情緒化，尤其是不要在面對負面和高壓力事件時表現得情緒化。

我有個女性朋友曾經相過一次親，跟對方聊得不錯，彼此也覺得值得深入交流一下，可惜敗在最後，她的相親對象在餐後甜點裡發現一根頭髮，把服務生叫過來，嚴厲的埋怨了幾句，沒想到服務生也不是好惹的，跟他直接嗆起來。

這一嗆不要緊，不知是這位男生覺得在女伴面前丟了面子，還是他就是個暴脾氣的人，直接在餐廳跟服務員對罵，如果不是經理攔著，估計都要打一架。風波一平，不到一分鐘，他就立刻又和顏悅色的問我那位朋友：「要不要我送妳回去？」我那朋友哪敢讓他送，直接叫車走了。

情緒的穩定性，在約會中是博得信任感的重要指標。在五大性格特質（Big Five personality traits，包含經驗開放性〔Openness to experience〕、盡責性〔Conscientiousness〕、外向性〔Extroversion〕、親和性〔Agreeableness〕、神經質〔Neuroticism〕，簡稱OCEAN）中，只有一個指標能夠預測對親密關係的負面影響，那就是神經質。神經質和情緒穩定密切相關，人格中神經質水準高的人，更愛表達諸如悲傷、憤怒和嫉妒等負面情緒，自然而然將敏感的自己變成了不好相處的人。

愛發脾氣和易衝動都和高神經質相關，如果你是男性，要尤為注意。有的男性誤以為衝動代表著男人的血性與陽剛，更受女孩子青睞，但事實恰恰相反。有人調查了一百名衝動性超過正常水準的男性，發現他們一半有過離婚經歷，七成經歷過不幸的戀情。

事實上，愛情問題只是這次調查中的一小部分。這個調查整體上的資料更有說服力，這些愛衝動的男人在生活中各方面滿意度都不高，糟糕的愛情只是他們糟糕生活的一部分而已。

神經質這一指標還與女性的離婚率存在相關性，導致女性親密關係越來越差的，還包括神經質中的其他指標——抱怨、嫉妒和多疑等。

洛伊爾．凱利大量研究神經質在親密關係中的負面影響。他在一篇相關論文中說：「人格中的神經質傾向導致了戀情的不幸，但是這種不幸最終將如何走向，基本上取決於戀情中男性一方的其他特質，可能是痛快的分手與離婚，或是在不怎麼美滿的戀情中得過且過。」

說的真好。**神經質會讓戀情傾向於不幸，不幸的形式和其他特質有關。**

美國電影導演伍迪．艾倫（Woody Allen）的神經質水準就很高，他說過：「生命充滿了悲痛、孤獨與苦難，就算是這樣，它還是如此短暫。」神經質傾向如此明顯的人，評價自己愛情的時候自然也都不怎麼樂觀：「我的感情生活非常糟糕，我最後進入的女人身體，是參觀自由女神像。」

他強烈的神經質傾向也毀了他的親密關係，離婚好幾次不說，還在一九九七年娶了自己於一九八〇年代交往過的情人和其前夫所領養的女兒。

那我們該怎麼辦？情緒穩定性是一種人格特質，要改變並不容易。但是，我們有一個很簡單的方法控制情緒。那就是在發現自己情緒快要控制不住時，吃一顆糖。

研究表明，人在**攝入糖**以後，血液內葡萄糖含量上升，讓腦部補充能量，從而**能更好控制情緒**。因此，如果你**覺得自己是個情緒不穩定的人，身上常備一顆糖，難過了嗑一顆，傷心了嗑一顆，生氣了嗑一顆，給予雙方空出吃一顆糖的冷靜時間，更有助於愛情甜甜蜜蜜**。

當然了，吃糖只是個急救的事，真正想控制情緒、經營愛情，還得從根本減少情緒波動。總體來說，就是接納跟對方的不一樣。很多人的憤怒和委屈都來自於「別人怎麼跟自己不一樣」。如果我接納你二十幾歲跟我三十幾歲之間的不同，而你也接納我一個北方人與你一個南方人之間的不一樣，這其實能維護好夫妻和情侶的親密關係。

最後一點，就是**表現出足夠的同理心，讓對方覺得你能Get到他，這也是培養信任感、留下好印象的重要方法**。這方面的建議就非常具體了。

很多時候，**約會是不是成功，不在於你怎麼說，而在於你怎麼聽**，所以，請在交流中保持專注的傾聽。學會聽話比學會說話的難度要大得多。事實上，充分傾聽比自己口若懸河的亂說，更容易讓對方收穫更好的感受。我們都有聽別人說話聽到煩的經歷，所以學著別做那個讓人煩的人。

其次，要保持對對方需求的敏銳度。約會是雙方交換感受的過程，所以不要時時刻刻都太強調自身的感受，要及時體會到對方在交流上的需求。約會中「猴急」非常惹人厭，就是光顧著自己感覺好，而選擇性忽略了對方的感受。

此外，還要及時並恰當的徵詢對方的意見，表現對對方的在意與重視的典型方法，就是多問問對方的意見。從「你今天想吃點什麼？」到「需要我開車送你回去嗎？」只要是帶著真誠的關懷去問，其實都可以。這很容易提升對方對這次約會的參與感，也能讓對方感到自己被重視，想到自己是個獨特的交流對象，而非相親大軍中的普通一員。

以上，就是我給你的好人卡說明書：「真正在約會中吃香的好人，應該是一個能讓對方信任的人，這甚至比讓對方喜歡還重要。」而信任來之不易，它主要得益於你在三方面的表現。一個是有足夠的真實感，再來是情緒的穩定性，最後則是表現出得當的同理心。

想要向對方展現自己的真實感，就兩個字：「別裝」；想要維持自己的情緒穩定性，很簡單，吃一顆糖以及學會接納不一致性；而要表現出足夠的同理心，就要學會多聽、多問、多關注。

04 啤酒護目鏡效應：在夜店，能邂逅真愛？

許多電影和電視劇，都愛把男主角和女主角的邂逅，安排在一個鶯歌燕舞的場景裡。可真實生活中，我們究竟能不能在酒吧、夜店等場合收穫可靠的愛情？聲浪、燈光，伴隨著對於感官的刺激，也有助於喚醒情緒，加上人們對一見鍾情的認知和抱有期待，在這樣的情況下，人們會體驗到什麼樣的情感質變呢？爆發式好感常出現的地方之一，就是音樂喧囂、燈光微弱，容易讓人意亂情迷的酒吧了。

歐美有個日常說法叫做「啤酒護目鏡現象」（Beer Goggles Phenomenon），也叫做酒後眼裡出西施。它指的是在酒吧裡，那些在剛進酒吧時怎麼都看不上眼的庸脂俗粉或愣頭青，隨著夜幕漸深，離酒吧打烊的時間越來越近，多喝了幾杯啤酒後，他們看起來也越來越不錯了，甚至值得成為一次約會的對象。

心理學家布萊恩・格拉德（Brian Gladue）和簡・德拉尼（Jean Delaney）就走進了酒吧，在吧檯前給手持啤酒的人們遞上了調查問卷。好在這種行為並沒有太多打擾人們喝酒與獵豔的雅興，大多數人還是完成了調查。

為了驗證不同時段對人們場景誤讀的誘發程度，格拉德與德拉尼請同一個人在不同的時間段做了多次測試。測試的工具是一份「為酒吧中異性的外在吸引力進行評分」的問卷，它要求填寫人選擇從一到十分，來給異性打分。

每一個參與調查的人，都分別在晚上九點、晚上十點半以及午夜十二點，按照要求給出了一個分數。

資料證明，隨著時間越來越晚，酒吧裡面的男性對同一個女性的外貌評價顯著的提升；與此同時，女性對男性的外貌評價也有提高，但是提高的幅度往往達不到男性提升水準的一半。

縱然男女間存在差異，但是這種場景誤讀的普遍性已經得以證明，無論男女恐怕都難以逃離它在一定程度上的束縛。可**場景誤讀並不一定就意味著愛情謬誤的開始，如果善加利用，它還是可以成為愛情發展的契機。**

很多人喜歡把表白做得比較有儀式感。人們為什麼會這麼做？原因非常簡單——這麼做能夠提高表白的成功率。

由於類似的事件並不常發生，當這些事情的存在意義都指向一個具體的人，自然而然就會引發當事人的情緒波動，比如緊張、害羞與高興，加上很有可能相伴而存的歡呼與圍觀，被表白的人如果吃這套，情緒水準當然就會再上一層樓。於是就得以營造一種被稱為「浪漫」的情感，一種喜聞樂見的場景誤讀也就應運而生，表白的成功率也就隨之提升。

此外，也可以靠選擇合適的約會場合，來為場景誤解創造契機。旅遊、音樂會、酒吧和遊樂場等，能夠成為促成戀人走到一起的典型場景，都應當歸功於這些地方，能夠拋開愛情這個因素，且激發人的情緒，當這些情緒得以激發時，能夠產生個人指向的場景誤讀才算有了心理基礎。

對有戀愛打算或者戀愛初期的人來說，諸如上述這些容易讓人有強烈情緒體驗的場合，是更值得選擇的約會地點，在精心設計下，類似一見鍾情的戀情起跑，是可能的。縱然如此，你也一定要警惕，因為外界環境而產生的爆發式好感，非常容易面對開高走低的困境。

二〇〇八年五月，中國汶川地震發生後，我當時所在的西南大學心理學院回應相關部門的要求，迅速組織了心理援助力量小組奔赴災區，我成了當時獲准進入災區，擔任心理照護工作的心理學工作者之一。

當時的環境格外艱苦，我們所處的區域，僅處於剛解決溫飽和飲用水問題的狀態。共患難的時候往往能夠建立深厚的感情，所以當兵時的戰友、創業時的夥伴、患難與共的夫妻，都有著不錯的關係。

令當時的我萬萬沒想到的是，在抵達災區的第十一天，我們這個臨時組建、彼此事先都不認識的隊伍中，出現了一對情侶。這段戀情被當事人表述為艱難困苦中的一見鍾情。抗震救災的緊張、勞累和情緒化的環境，伴以兩個人的場景誤讀，促成了一次有偶然性更有必然性的一見鍾情。

可在完成救災任務返回學校後，這對情侶火速分手。因為所謂的「誤讀」，一旦脫離了那個場景，拋開了心理上化學反應的基礎，回歸到了生活中最真實的模樣，也就談不上什麼誤讀不誤讀了。

很多時候，愛情的發展有點像〈死了都要愛〉這首歌。如果一開始 key 起得太高，很容易在接下來的部分唱破音，唯獨一開始把音調調低一點，在越唱越高的時候才好掌握。

因為啤酒護目鏡效應作祟，在爆發好感之後，我們往往會看到對方居然也有平凡的一面，也有沒那麼大魅力的時候，也有很多我們意想不到的毛病。

倘若對方因為得以展現他最優秀的一面，與此同時，你在當時還昏了頭，那在感情的後續發展中，必然就要面對種種高開低走、每況愈下的情形了。所以，在酒吧、夜店，以及類似我們當年抗震救災，那種容易產生爆發式好感的場合裡，你一定要理性，多留點思考的餘地。

我知道，這會很難。因為在那樣的情況下，大腦其實經歷了非常生理化的改變，在這種情況下要有效自控，還真的不太容易。

針對親密關係在生理心理學層面的研究，一直到二十一世紀初，才出現了比較成熟的研究成果。在這之前，心理學家所從事的研究，大都是針對與親密關係相關的行為、決策、情緒等層面的研究。

曾經很長的一段時間裡，心理學家們一直在觀察男女做出的舉動與表達的話語，而今，觀察者變成了掃描人類腦組織的功能性核磁共振儀器，而被觀察的行為，則進一步具體到了神經活動的層次。

將愛情作為一種生理回饋機制加以研究的先驅者，是紐約州立大學石溪分校（Stony Brook University）的心理學教授亞特·阿隆，他的研究為愛情心理學打開了一扇新的大門。

為了尋找親密關係中的激情——這是一種與酒吧夜店裡的爆發式好感關係很大的情感體驗，到底是由大腦哪個區域所主導的，阿隆與他的同事們進行了一次專門的研究。

他們邀請了十七名正處於熱戀期的青年參與這次實驗。這些實驗的參與者在接受腦掃描的同時，分別看到了自己戀人的照片和自己好友的照片，而他們在看不同照片時的神經反應，已經被記錄與保存。

藉由一系列分析，阿隆發現，對正在戀情中激情滿滿，處於一日不見如隔三秋的情感飽和狀態的人來說，相較於看到朋友，看到戀人啟動了他們大腦中與獎賞和動力相關的區域。

這個研究結果，有兩點啟示：

第一，對熱戀中的人來說，單單是看到自己的戀人，他們體內的化學反應就已經開始自己給自己獎勵，而且為進一步的行動做好準備了。

第二，因為腦區啟動與行為決策的交互作用，這些區域在被高度啟動時，你也更容易快速看上某個人。這其實很好理解，你看在日常生活中幹什麼都提不起興趣的人，其實就是多巴胺分泌水準不夠高，神經系統中的獎勵中樞啟動程度不夠的表現，那相應也就很容易遭遇「無法開展一段親密關係」的問題。

而那些熱情主動、更願意主動去搭訕的人，他們大腦中的獎勵中樞更容易被啟動，其實也不缺開展一段親密關係的初始條件。

對我們來說要注意，啟動獎勵中樞的，在很多情況下，可能是酒精與聲浪，所以每每這時，我們還是要少喝點，冷靜些，不要讓啤酒護目鏡效應耽誤正事。

第2章

高情商約會的正確打開方式

01 違反關係縱深理論，難怪現代人不愛相親

本節我們來談談，為什麼相親初次約會時，不是越聊越尷尬，就是浪費時間，體驗通常很糟糕。以及應該如何與潛在戀愛對象，按部就班的培養親密關係，不至於每次相親都變成一樁買賣。

在我的朋友圈搜索「相親」兩字，跳出各種對它的吐槽。有男生吐槽女生的；也有女生吐槽男生的，還有男男女女們，吐槽相親組織者有多麼不可信。總之，我從沒見過有誰在相親後說：「體驗真好，還想再來一次。」

相親能幫你精準定位戀愛候選人，但你一定要注意，它可不能保證你和對方「相見恨晚」。想要遊刃有餘的參加相親，從陌生到戀人，請你打起精神，認真

聽我講關係發展的縱深理論。

先說我自己。很少人知道，我相過親，更少有人知道，我相親時，其實已經訂婚了，而且當時的未婚妻也就是我現在的老婆，她一開始就知道我去相親了。

事情是這樣的，我老婆組織過一場相親，該客戶是中國中央國家機關工會，來相親的是公務員與軍隊系統裡的精英單身男女，我負責陪同。

當天的玩法叫「七分鐘相親」。男女人數相同，女生位置固定，男生們坐在對面。每個人每次能跟對面的異性交流七分鐘，時間一到，不管交流效果如何，男生都需禮貌起身，按順時針方向挪位，跟下一個女生開始聊。當所有人都與在場的每一名異性聊過後，你可以留下交流方式給心動男生／女生，方便私聊。

不巧，當天某位男士放了所有人的鴿子，我就不得不在老婆的要求下，硬著頭皮上了。被未婚妻要求去參加她組織的集體相親，這聽起來非常的夢幻。我呢，沒有刻意隱瞞「我已經有另一半」的事實，一共與六名單身女孩聊了天，話題包括簡單的自我介紹、喜歡哪類博物館等。

最後，我拿到了兩組電話號碼，老婆告訴我，這是當天男嘉賓的最好成績，沒人搭訕的男士大有人在。

來相親的男士，外在條件都挺優秀的。可為什麼有人沒拿到聯繫方式？我認為，他們在「七分鐘相親」中，犯了些明顯的錯誤，像是過於急切打探對方、太多的自我暴露、無法繼續尬聊。

而我所做的、所說的，其實都有一個整體原則：就是要保障自己聊天的話題、內容與深度，與我跟對方的關係發展水準匹配。

你要知道，相親這種場合，其實是非常不合乎常理的。兩個關係非常淺的人，對彼此幾乎一無所知，卻為了戀愛、結婚獨處聊天，這聽上去是不是非常奇怪？明明關係淺薄，卻硬做關係深的人才做的事，聊關係深的人才聊的話，這才是讓相親弔詭的核心原因。

你要做的，是在這場合中，盡量表現得有靜待花開的節奏感。這就像中國中央電視臺幾年前在大街上做街訪，隨便碰到一個路過民眾就問：「你幸福嗎？」受訪者的第一反應，往往不是侃侃而談，而是直接被問懵了，心想：「你是誰啊，你問這什麼問題？」

關係淺聊得淺，關係深聊得深，這是最基本的交流規律。相親讓人們容易誤以為：目標比較遠大，必須聊得也比較深入，可即便你的目標很遠大，一旦關係沒到位，談得越深入，雙方越不爽。

不同的關係層級，有不同的交互傾向，這就是關係發展的縱深理論核心。從陌生人發展成親密情侶，要經過一系列關係的縱深轉變。見人下菜碟（按：根據不同的人，給予不同待遇）的要點，在於對關係層級保持敏銳，對於不同的關係，要有不同的行為，這個標準要克制，不能逾矩。

人跟人之間，最淺的層次叫做「社會關聯關係」。這個階段的特點是，你所在的群體為你代言，你並沒有什麼個性特點。此時，兩個人的連接是間接的，群體對他們施加著彼此間的影響，他們彼此間並不強調對方個性化的存在。

比如你們是某個合約上的甲方乙方、比如你們在一所大學的兩個學院讀書、比如你們住在同一個社區。以上三種情況中，你們可能知道有對方這麼個人，卻沒和他接觸過，更談不上了解。這就像你點了個外送，但你不在乎外送員是誰，只在乎「能不能準時拿到外送餐點」一樣。

再深一層，就是「個體關係」。你點外送時，忽然發現外送員天怒人怨的帥！於是，你記住了他的名字，還發了條訊息給閨密：「今天的外送員長得超級帥！」那你給對方的評價，已經上升到了個體關係。

這個外送員已經是一個具體而獨特的存在了，不過，話說回來，關係是雙向的，你在他眼裡，可能只是客人甲乙丙丁。但是，假如你每個星期至少有五天都點同一家牛肉麵館裡的祕製辣牛肉麵，每次都由這位「天怒人怨帥外送員」來配送，那麼，你很可能成為他眼裡的「牛肉麵小姐姐」。

如果達到了個體關係，雖然還談不上喜歡不喜歡，但是你們起碼已經注意到了對方更深層次的特質。你就是你，對方跟你的關係，直接指向了你本身。

而第三層是緊密關係。通常意義上的「摯友」和「家人」就屬於這一層次。緊密關係主要有兩個表現形式。

一是雙方可以互相施加更為強烈與頻繁的影響力，有什麼事願意跟對方傾訴，有什麼難處也樂意與對方講，彼此也更在乎對方說的話和做的事。二是拓展了共有行為的廣度。你們曾是在商言商的合作夥伴、普通的同學、偶爾見一面的鄰居，可現在你們能一起去游個泳、商量著一起遊玩、分享兩家的八卦。

第四層，我們所說的最高層，就是親密關係了。它最典型的表現，就是雙方投入的性行為，以及分享經歷和表達自我的強烈欲望——這方面我們就不多談了，你要是已經達到這個層面，就不用來聽這個課了。

說回到相親，相親最大的弊病，就是跳過了親密關係常規發展的社會關聯關係、個體關係，而直接進入了緊密關係，這是在揠苗助長感情發展。沒人願意向第一次見面的人深刻表露自我、坦露心聲，但是不這麼做，好像又沒法達到相親的目的。

重點來了，結合關係發展的縱深理論，和相親對象約會，如何才能大方得體呢？我建議你這樣做：

第一次見面，你應該跟對方培養出個體關係，別讓對方把你當普通路人。在這個階段，你**應該盡量的展現出自己比較獨特的資源**，**當然前提是保持禮貌**。

比如，你跟對方就讀相同科系，或者你有較獨特的才華，或你在閱讀、音樂、戲劇上有一些獨到的見解，總之在不裝腔作勢的同時，表現自己的獨特性。

很多人約會時，會說自己開多少錢的車，住多大的房，畢業於哪所大學，但是一旦這些資源成了大家都想強調的資源時，你要注意，它們其實就不夠個性了。我們經常說，好看的皮囊千篇一律，有趣的靈魂萬中選一。這就是因為現在一般好看的臉，也不夠有特色了，內在的東西反而會使你更有魅力。

我們為什麼希望結識一些有趣的人？就是因為他們各有特色，以及擁有其他人身上所沒有的資源。除了都「有趣」之外，他們甚至都沒什麼共同點。如果你覺得自己沒有這樣的資源，不夠有趣，那我建議，你要去找到自己獨特的主場。

到了個體關係階段，雙方共有的積極體驗，能讓關係深化的行為標準。相親第一次約會，大家都喜歡找一間西餐廳，或者一個格調比較高的地方，但並不是所有人都喜歡在這種場合跟別人交流。一、兩次還能忍，再來幾次，就會覺得不舒服、不自在。

這時，為了給關係進一步發展的機會，要注意以分享共同的積極體驗為主，不要大篇幅的吐槽抱怨你的事業，也不要表現得過於焦慮急躁，輕鬆愉悅是這個階段的重點。我建議你們可以吃個火鍋、喝杯奶茶、聊聊八卦，嘻嘻哈哈說笑。

但是，一旦你**確定了要跟對方更進一步**，**就要考慮適當的釋放一些負面信號**——一起看個恐怖片啊、跟他說說你的小煩惱啊、和他講講你職場上的不爽啊。總之**目的只有一個：讓對方成為「自己人」**。

這裡我要分享一條知識：從一般朋友深化成好朋友，從互有好感過渡成為戀人，它不依靠積極體驗的堆積，靠的其實是能否接納對方的負面感受。

回想一下，你跟哥們／好閨蜜之間，記憶最深的一件事，是一件好事還是一件壞事？我敢肯定，十有八九，這件事上不了檯面。

為什麼？恰恰因為關係好，所以互相有黑料。一旦關係開始向緊密關係過渡，兩個人的交流可就不能是簡單的打哈哈了，這個過程中，有自我弱點的暴露，有因為一方被欺負而來的憤怒，甚至還有一起偷偷摸摸的小算計。我們先不評判好與壞，單從關係上來講，這些事可證明了關係的升級。

這方面的科學理論與具體技術，我們後面還會聊到很多。這節，你只需要理解關係縱深理論就好。

我們談了相親之所以讓人不爽，是因為它違背了人跟人關係發展的基本規律。關係發展的過程中，由淺到深有著社會關聯關係、個體關係、緊密關係與親密關係四個層級。

我們要做的，就是根據所處關係的具體層級，恰當的選擇自己的行為，才能幫助你們的關係逐漸加深。這些行為包括強調自身的獨特資源、分享共有的美好體驗，以及適當的釋放負面信號。

02 來電，是什麼感覺？真的就是化學反應

你覺得，愛情中的「來電」到底是什麼？可能有人會說是碰見了對的人；有人會說是等到了真正的緣分；有的人會說愛情就是沒他不行，非他不可。說實話，這些定義其實都是描述，而沒有說到本質。這本書會談很多感性的東西，但是這一節，恐怕是最理性的。

因為我接下來要告訴你，你一定要搞清楚，**愛情的本質是一種化學反應**。這句話只是一個普通的陳述句，沒有任何修辭手法，不是誇飾，也不是比喻。而且這種化學反應的參與者，並不是你跟對方——某男與某女之間的反應，而是單獨**發生在某男自己與某女自己身上神經系統內的反應**。了解到這一點，對於你從更

基本的角度、更基礎的邏輯去理解愛情，非常有幫助。

在這方面有三個基本規律，你要明白：第一，**愛情都是發生在每個人自己內部的化學反應**，你所愛上的那個人，其實只是一個相當於催化劑一般的引子，是他誘發了你的化學反應，他本身並不參與到反應之中。

你看見心儀已久的男神會心動，看見我就不心動，這很正常，因為男神是你的催化劑，而我可能未必能引起你的注意力。不管你看見的是哪一位男神，不管你產生愛意的方式是一見傾心還是日久生情，這些化學反應都發生在你自己的身體上。如果只有一方有這種化學反應，充其量只能達到傾慕的水準，還到不了愛情的程度。

至於愛情，需要雙方互為對方的催化劑，彼此啟動對方身上的化學反應，才能讓情感的齒輪彼此咬合，快速運轉。這個規律告訴我們一個基本的原理，你因為看上了人家而有反應，往往並不意味著對方跟你也一樣，這個時候，下功夫考慮怎麼才能達到雙向啟動才是當務之急，要不然，就是一頭熱。

第二，**這種化學反應總是伴有一定的生理與心理反應**，比如說，輾轉反側的思念就是典型的生理與心理反應的組合。就是因為內心強烈的生化反應，導致胡思亂想，覺也睡不好，飯也吃不下。

這條規律，給了我們從行為評估對方心態的基礎。玩狼人殺時，我們總愛說「發言會騙人，但投票不會騙人」；在愛情中也是一樣，甜言蜜語可能是編的，可一些實際表現的行為，往往都非常直接由大腦中的神經傳導物質誘發，還真不一定能控制得住。

說好聽點，肢體接觸的欲望、說話的語調語氣、服務性質的行為，可能都是好信號；而鄙視的眼神、刻意保持距離、拒絕接受對方的幫助，可能都不是什麼好跡象。

比如，最常見的生理與心理結合的反應，就是害羞。有的女生一旦被心儀男生關注，有互動，往往會很害羞的避開、臉紅，或者捂住臉。從邏輯上講，這似乎非常難以理解——你喜歡的男生想跟妳交流，妳應該積極的迎合才對啊，為什麼又要躲又要羞怯呢？

就算要躲，為什麼不撒腿就跑，而是原地嚶嚶嚶的扭捏呢？這其實是因為，男生的舉動給女生帶來了心理上的兩難刺激，一方面，她有著想跟男生交流的意願；另一方面，又因為這是個帶來焦慮感的壓力場景，讓她有逃離的衝動。

而這兩種感受一結合，就產生了「我不能跑，跑了就無法跟男生交流了，但我好有壓力，我要表現出迴避行為」的想法，這就是原地捂臉的行為。很多女生就算有類似的反應，也不知道為什麼自己會這麼做，如果你擁有這種從理科邏輯去分析感情和行為的能力，就更可以透析了解，到底發生了什麼。

第三，愛情這一整套的生化反應都非常複雜，參與這一反應的化學成分與神經遞質也非常多，從多巴胺到催產素，都會在愛情的不同階段作用於感受到愛情的人。

人類學家海倫・費雪（Helen Fisher）就認為，千萬年的演化，讓人類的愛情，主要由三類既相互聯繫又截然不同的生物系統控制的成分組合而成。

一個是情慾，它主要與性激素，也就是我們日常所說的性荷爾蒙相關。它服務於愛情最基礎的功能層面，也就是繁衍後代。很多人在熱戀時期非常渴望大量的身體接觸，而且很有激情，很大程度上是拜性激素所賜。很多夫妻為什麼會越過越感覺缺少激情，就是彼此對於對方性激素的刺激水準下滑導致的。

再來是吸引力，它主要由多巴胺和5-羥色胺（血清素）共同調控。這兩樣東西會讓人青睞於某種特定類型的人，比如你喜歡長髮的，但我喜歡短髮的；你喜歡外向開朗的，而我則喜歡靦腆一點的。它們透過誘發浪漫感，讓人們超越性激素的影響，培養出穩定的配偶關係。

當我們真正墜入愛河，多巴胺會上升，引起興奮和欣喜，而5-羥色胺會下降，這就讓我們能更不知疲倦的和心上人相處。

我的一個女性朋友曾經跟我抱怨她的男友：「剛談戀愛時，不管我加班多晚，都會到公司門口等著接我！現在可倒好，大晚上的我叫車多危險啊，他卻在家打遊戲！」為什麼會這樣呢？說白了，就是5-羥色胺回升至原本水平導致的。

最後則是依附。它主要與催產素相關，必須說明的是，催產素在男女體內都有。它的確會在雌性哺乳動物分娩時大量釋放，但是請注意，其實它在男女身上都有，也都會發揮作用。

催產素跟長期穩定的伴侶關係所帶來的舒適感與安全感有關，也會促使夫妻廝守在一起，並共同保護與撫養子女。當然，你可能會覺得，知道這三點有什麼用呢？我又不能從醫院買一種藥，注射給我的心上人，讓他喜歡我啊。

你一定要了解，明白愛情運轉的基礎規律，可以幫你由下而上解決很多問題。接下來，從愛情的生物特性出發，我給大家兩個建議：

一、你可以靠調整自己的生理狀態，更好投入愛情。

舉個例子。英國阿伯泰大學（Abertay University）的研究者，曾招募了七十四名二十歲出頭的拉脫維亞男性，在他們接受B肝疫苗前和注射疫苗一個月之後，抽取了他們的血樣。

疫苗會觸發免疫系統製造對抗病毒的抗體，針對血樣，科學家們測量了抗體、睪酮（Testosterone）以及壓力激素皮質醇的水準。之後，九十四名二十歲出頭的拉脫維亞女性會根據吸引力，為每名男性的照片評分。研究者則會分析免疫應答水準、激素級別和兩性吸引力之間的關聯。

最後的結果是這樣的：較高的睪酮水準，關聯對應著有吸引力的面孔和強大的免疫應答。相比免疫反應弱的男人，免疫應答最強的男性，在女人眼中也被認為更好看。在那些壓力激素皮質醇水準低的男性中，睪酮水準和受女性喜愛程度的關聯最強，這說明壓力可能損害了免疫系統，以及女性眼中男人的吸引力。要知道，很多研究都曾經提及睪酮和免疫系統的關係，而這個研究第一次將女性對男人外表的看法與免疫系統強度，建立了直接關聯。

這給予我們什麼啟示呢？**如果你是個男的，想脫單，要少做影響睪酮素平衡的事——比如抽菸、睡眠不足、攝入過多脂肪；與此同時，告訴你媽別老催婚，**因為催婚會導致你個人壓力升高，而從這個研究成果看，高壓力會讓你不那麼受女生喜好。

類似這樣的視角，就能幫你從生理出發，獲得解決愛情問題的方法。

二、你可以靠調整自己的行為，誘發特定的生理狀態。

再舉個例子。羅徹斯特大學（University of Rochester）的心理學家安德魯·伊萊特（Andrew J. Elliot）在《實驗社會心理學期刊》（*Journal of Experimental*

Social Psychology）發表的論文中，發現了一個很有趣的現象：相對那些身穿其他顏色的女性，男性認為身穿紅色的女性更具吸引力和性感誘人，除此之外，男性會坐得離那些身穿紅色的女性更近一些，問一些更親密的問題。

為什麼？說白了，就是因為女性穿紅色，對於喚醒男性的生理水準程度更高。因為在人類排卵期間，由於激素水準變化，使女性皮膚色調變淺，皮下血液流動加快，這些改變讓臉上的紅暈在最有生育力的女性中更普遍，而這也讓男性傾向於將紅色視為一種暗示信號，於是調整了自身的生理狀態，準備隨時出擊。

論文的作者甚至在論文中體貼的提及：「一定要注意，身穿紅色是一個曖昧微妙的暗示，如果身處一群熱切期待的男性中，紅色很有可能會帶來性騷擾。」我覺得這麼有良心的研究人員真的很值得讚賞。

更值得做的是，我們要從這樣的研究結果中得到指導：今天去約會，穿紅的可以；今天去面試，穿紅的恐怕就不太行了。

說這麼多，我還是希望各位能夠掌握一個不同於以往看待愛情的視角，從生理心理學的視角出發，理解來電的本質，還真的就是個化學反應。

03 吊橋效應，一見鍾情是可以被設計的

不少人都相信「一見鍾情」，甚至我們身邊還有很多人體驗過這種特殊的緣分，今天我們就來談一談，一見鍾情到底靠不靠得住，以及能不能打造一次一見鍾情。

一見鍾情代表著「爆發式好感」發生了。比如，小說《紅樓夢》的林黛玉初見賈寶玉：「黛玉一見，便吃一大驚，心下想道：『好生奇怪，倒像在那裡見過一般，何等眼熟到如此！』」

我們常用怦然心動形容一見鍾情，這個「怦」字，就是體內化學反應開始的發令槍，可只總結經驗，就匆匆下結論，這可不是科學心理學的研究方法。

近五十年來，有一系列研究試圖探究一見鍾情的科學本質，這些結論無一例外都指向了一個共同的結果，這也是你一定要明白的一件事：世間**並不存在什麼一見鍾情的獨特體質，一見鍾情是不是會發生，與人沒有關係，與兩個人相遇的場景大有關係**。

相信大家都聽過經典的心理學研究：吊橋效應（Misattribution of arousal）實驗。吊橋實驗是英屬哥倫比亞大學的心理學家唐納德·達頓（Donald Dutton），在一九七四年完成的經典實驗。

每一個探討愛情的心理學教材，都會提到這個具代表性的實驗。而我在本書中，依舊要介紹這個實驗，不過，我想帶著你從一個更全面、更獨特的視角去剖析，為什麼這個實驗能成為經典。

從我的戀愛系列課開講以來，這個實驗是我要最詳細解讀的一個研究，因為這個實驗的設計和實施本身，就已經充分說明了該**如何打造一見鍾情**。它需要三個要素：**能啟動情緒情感的邂逅場景；起碼一方的資源展現**——這個資源可以是顏值、才華、甚至僅僅是一個背影；**以及雙方彼此間的交集**——這會成為讓一見鍾情進一步發展的線索。

加拿大卡皮拉諾吊橋公園（Capilano Suspension Bridge Park）裡，有一個世界級景點，同時也是最著名的遊玩項目，那就是被譽為世界上最偉大的吊橋——卡皮拉諾巨型吊橋。

這座橋建於一八八九年，它基本上是用大麻繩和杉木建成，全長約一百三十七公尺，高達七十公尺，從兩端的森林橫跨卡皮拉諾河。最可怕的是，吊橋的特性決定了它始終搖搖晃晃。別說懼高症者，就算是一個膽子夠壯的成年人，也會在橋上緊張到不行，因此它也嚇壞了不少慕名而來的遊客。

達頓選擇這座橋作為實驗地點，而這個橋，就是剛才提的第一個要素：能啟動情緒情感的邂逅場景。

達頓邀請了一名漂亮性感的女助手來完成這個實驗，而漂亮的女助手，構成了第二個要素：展現起碼一方的具體資源，這裡的資源就是美貌。女助手被要求站在吊橋的正中間，也就是最容易讓過橋之人害怕的位置。

這位女助理的任務是要求路過的單身男性，參與一個簡單的研究。女助理向每一個同意在橋上參與研究的單身男性展示了同一張圖片，並要求他們立刻根據圖片的內容，編出一個簡單的故事講給她聽。之後，留下了她的電話號碼給參與者，告訴他們如果事後有任何相關問題需要詢問，都可以打電話給她。

完成了這部分實驗後，這名女助手，又在距離卡皮拉諾吊橋公園不遠的一個又寬又低的普通石橋上，重複了這個實驗一遍，她攔下了相同數目的單身男性，給他們看了同樣的圖片，提出了同樣的要求，並留下了同樣的電話號碼。

故事和電話號碼，成為了一見鍾情的第三個要素：雙方的交集。研究者針對兩組不同的男性——我們姑且稱他們為「吊橋男」和「石橋男」，從兩個不同的角度進行了分析。

坐在電話另一端的達頓，掛掉了眾多失望的男士們打來的電話後，記錄了兩組男性回電話的數量。在吊橋上被攔下來的男人們，明顯對這位漂亮的女士更感興趣——也就是說，一見鍾情發揮了它應當發揮的作用，吊橋男們用更熱情的態度，回打了更多的電話。

與此同時，達頓還分析了兩組男性編出來的故事中，所涉及的與兩性關係相關的內容和元素。石橋男們編出來的故事基本上都乏善可陳，倒是吊橋男們編出來的故事，充斥著更多與親密關係和性接觸相關的內容。吊橋上的「一見鍾情」發揮了它的另一個重要作用——緊張的時刻又碰到異性，這種被喚起的劇烈化學反應，讓人們有了更多與愛情相關的胡思亂想。

吊橋男們帶著化學反應見到了漂亮的女助手。與石橋男們相比，他們心跳速率更高，出更多汗，緊張程度也更高——他們已經處於一見鍾情的狀態，只是缺少一個一見鍾情的對象。

說白了，日久生情的愛情，是先有愛情，後有化學反應；一見鍾情的愛，往往是先有化學反應，後產生愛情。

林黛玉見到賈寶玉時，她初入賈府，非常緊張；祝英臺見梁山伯時女扮男裝，也是緊張；潘金蓮見西門慶時，剛拿棍子砸了西門大官人的腦袋，也是緊張；穆桂英見楊宗保時，兩人甚至真刀真槍打了一架，這更緊張——在劍拔弩張的氛圍下，一見鍾情居然獲得了更大的可能性！

對於你我來說，要想收穫一見鍾情，恐怕重點不在於怎麼在自己身上做文章，而在於怎麼在交互場景上做文章。**一見鍾情並不是你運氣好，在某一個瞬間見到了那個合適的、足夠讓你心動的人，而是反過來，你在一個容易心動的環境下，見到了那個人。**事實上，決定一見鍾情最終發生的往往並不是人，而是人所處的環境。

我大學時，有次收到了來自一個女生的訊息，大概內容就是她仰慕我許久，想跟我見見面。我這種顏值的人，著實被這樣的訊息嚇了一大跳，於是先在手機上跟那位女生聊了聊，結果有點尷尬，原來她認錯人了。

但是，怎麼就認錯到我身上？原來，當時正好全校開運動會，她對一個背影非常好看的帥哥一見鍾情了，後來我才知道，這帥哥是我們心理學院的院草。背影帥哥打動她的不僅僅是背殺能力，還跟他當時的談吐有關，據她說，她當時聽到那個男生在聊馬丁·海德格（Martin Heidegger）。

於是她開始四下打聽，心理學院特有才華的男生，是誰、長什麼樣子，她畢竟沒看見正面，所以只能憑這種碎片化的資訊尋找了。而當時我在校刊當主編，也不知道誰給她指了斜路，說她想找的八成是葉壯。

這種一見鍾情，實在太不可靠。所以，雖然一見鍾情在一定程度上可以塑造，但是我還是請各位冷靜下來想一想，「可塑造」並不一定意味著它就一定是愛情的完美起點，想要美好的愛情，你不一定非要有個驚為天人的開始。

最後，我還想多講一點。如果一見鍾情一切順利，那怎麼讓感情繼續升溫和發展下去？你現在已經明白了，一見鍾情的本質，其實是一種場景誤讀。既然是誤讀，自然續航力就差一點，所以，想要讓因誤讀產生的愛情繼續深化，你就要跟對方一起超越誤讀的場景，更加廣泛的交流互動。

很多時候，我們缺乏辨別到底是什麼讓我們高興、緊張、興奮甚至恐懼的能力，因此很容易把情緒的誘發原因，歸結到異性的協力因素身上。事實上，讓你感到情感爆炸的可能是酒精、運動、高度、困難、讚許等，你只是因為誤把原因歸結到了與這些因素相關的人，而讓你感到了一見鍾情。

但是，親密關係的建立和維持，光有激情和刺激是無法細水長流的。**想讓一見鍾情發展成長壽的健康戀情，你一定要注意這一點：如果你跟對方的交互場景高度集中在讓你們一見鍾情的場景，其實會帶來非常大的風險。**

說白了，就是因為你們沒有條件更全面的認識完整的對方，一旦你們抽離了能啟動你們的場景，就很容易疲乏不愛。所以，在打造一見鍾情過後，要快速推進雙方在不同場合全面的了解對方。

在酒吧裡相遇，就別老去酒吧了；演唱會相識的，就別總去演唱會了——不要拘泥在你們萌生愛意的場合，適當的走出這段感情的舒適區，更加全面的接觸彼此，才能跳出一見鍾情，得到真正的愛情，讓縹緲的化學反應變得接地氣。

當然了，這麼做的結果可能有兩種，好的方面是進一步情投意合，越互動越合拍；至於差的那種，則有可能讓你產生「原來你是這種人」的感受，但這其實也是好消息，畢竟紙裡包不住火，早露餡，也就早止損，對雙方都有好處。

如果你希望與異性初次見面時，迅速捕獲對方的芳心，點燃愛情的火花，來一場「一見鍾情」的浪漫愛情，那麼，請心機十足的選取一個能啟動情緒情感的邂逅場景、用精心裝扮來展現自我的資源，以及想方設法與對方產生交集。

當然了，就如前面所說的，一見鍾情的本質是場景誤讀，是一時的刺激引發的多巴胺反應，想要持續這種高體驗的激情，就需要越來越高強度的刺激，遺憾的是，多巴胺也有耐藥性的一天，只有激情沒有親密的愛情，總會迎來兩看兩相厭的那一刻。

唯有勇於跳出這段感情舒適區，全面接觸彼此、了解對方，才能保持「一見鍾情、二見生情、三見傾心、四見非你不娶、五見愛你一生、六見護你一世」的穩定關係。

04 愛情三角理論，判斷你身邊是不是「對的人」

我們剛探討了一見鍾情，類似這樣的爆發式好感，雖然可能帶來電光石火間產生的愛情，卻不一定是所有愛情的正確答案。

因為你身邊真正適合你的理想型，不僅需要有一見鍾情所代表的激情，還需要另外兩個完備的要素，才能真正成為那個「對的人」。

我們都知道，真正的愛人帶來的感覺，就是愛，但不理想的人帶來的感覺呢？好像也不是恨，對吧？那是因為愛的反義詞不是恨，而是冷漠。先說個我的經歷，它能解釋，為什麼「沒感覺」是我們找不到理想型的最大阻礙。

為了慶祝某次結婚紀念日，我與妻子選擇在第一次共進晚餐的餐廳，重溫一下曾經的美好時光。不一會兒，隔壁桌來了一男兩女。其中一個看上去很是熱心的女士，把另外兩人引入了能彼此對視的座位，自己又一屁股坐在了邊座，與那對明顯初次見面的男女保持著同等的距離，友好而刻意。

不用刻意去聽，從引見雙方的熱情，就能看出來這是一次相親。短短半個小時後，男子禮貌的起身離去，熱心女士趕緊挪到了閨密的旁邊討論：

「感覺怎麼樣啊？」

「沒感覺。」

「上次就沒感覺，這次還沒感覺？到底要來個什麼樣的，妳才能有感覺？」

「反正沒感覺。」

媒人知道了，這又是一次白費力氣的相親，索性不說話，狠狠拿刀切著牛排，埋頭吃起來。我偷偷對妻子說：「如果有一天，妳對我沒感覺了，別跟閨密說，我希望我能第一個知道。」妻子說：「如果有一天，我對你沒感覺了，我才懶得搭理你提這事。」我倆有點不顧場合的笑了起來，餘光還看到熱心女士抬起頭來，朝我們這個方向白了一眼。

心如小鹿亂撞的時候知道這是真命天子；就算有些討厭也有可能終成眷屬，就只怕沒感覺。

「來時不厭，去時不念」的人，當不了愛人。你身邊的那個人，雖然不是你的理想型，但往往也不是你恨得牙癢癢的人，可他一定是個你沒那麼在乎的人。**那要如何定位自己真正嚴肅看待的愛情，並找到一段真正在意的愛情呢？**

第一，你要搞清楚自己到底喜歡什麼樣的人。這一點，我幫不上太多忙，畢竟各花入各眼。第二，就要依託愛情心理學的研究成果了。與你之間的交流，具備哪些元素的人才是真正合格的理想型呢？美國耶魯大學（Yale University）的心理學教授羅伯特·史坦伯格（Robert Sternberg）的「愛情三角理論」（Triangular Theory of Love），闡述了構成穩定愛情的三個要素，而這三個要素，恰恰是「愛無能」的情感冷漠，與「對的人」的熱情投入之間的差距所在。

第一，親密：是良好感覺體驗的基礎。

在身體上接受對方，與在心理上接受對方，是相互促進的。沒必要反感合理的肢體接觸。大城市裡的很多人，除非禮節性的握手以及擠地鐵，否則絕難與人有肢體接觸，一年來摸自己最多的人怕是只有機場的安檢人員。

更有人揣測著世人都有一雙鹹豬手，極度介意和他人產生身體上的觸碰，於是選擇面若冰霜，拒人於千里之外。很多冰山美人可能看似冷峻，實則熱情，倒也不至於招惹到誰。關鍵是還有不少由內冷到外的純粹冰山，反感著正常的肢體接觸，甚至朋友之間合理的親密行為。

身體上已經拒絕了他人，又如何能在情感上接受他人呢？ＮＢＡ的球員扣進一個好球，不是總轉過身跟助攻的隊友擊一下掌嗎？就算隊友已經不在身旁，也一定要伴以深情凝視的遠遠一指，做一次隔空的親密接觸才算夠意思。

我們沒必要因為內斂而變得自閉，對於合理親密的反感，同樣會將愛情拒之門外。

第二，激情：是愛的催化劑。

很多人以自己的理性和精明為榮，不過在激情四射的愛情中，請允許自己一定程度上摒棄理性。愛情之所以叫愛情而不叫「愛理」的一個重要原因，是在這一領域，比起講理，講情的效用更為明顯一點。

對一些失戀的人而言，「要不要把前任送的禮物還回去？」是一個令人分外糾結的問題。這個問題之所以成為問題的重要原因，就在於提出這個問題的人，在用一種過分理性的眼光看待自己的愛情。

就像做生意或者借貸款一般，現在我們不是戀人了，那什麼東西該不該還，什麼東西該不該留，還多少，留多少，算不算折舊，這東西我們一起買的是不是要還他一半。

思考這個問題太缺乏實際的意義，它充滿理性的定律，而沒有愛情應該有的那種遊刃有餘。這種情況，你完全可以隨性甚至任性一點，你想怎樣就怎樣，通通還給前任、一股腦全扔掉，甚至找個安全的地方都燒了。

你想怎樣做都可以，唯獨不要糾結於這個問題本身，因為在糾結這事的時候，你已經被自己的理性給坑了。如果對愛，只有審計、精算、評估，而沒有衝動、激情、忘乎所以，甚至自以為是，那就沒有對愛情的控制。

第三，承諾是關係發展的保障。

非常多「愛無能」的表現是愛無力，而「愛無力」最典型的表現之一，在於逃避承諾。很多情侶分手的原因在於其中一方的逼婚，而另一方對「你就從了我吧」的逼迫不堪其擾。誠然，逼人就範與情感綁架都有值得商榷的地方，但是對承諾的恐懼，是從愛無能走向能掌握愛情的一個重要關鍵。

不畏親密，足夠激情，卻懼怕承諾的人群，恰恰成了一夜情的土壤與主要消費者。愛也是講究可持續發展的，戀人的關係往往是透過告白或者儀式性的行為確立的，這種關係的養成，是需要資源與灌溉的。

而培養愛情的重要資源便是承諾，從「下班回來買顆白菜」到「待我長髮及腰，少年娶我可好？」都是依託或大或小的承諾對親密關係的培養。金婚的老夫老妻之所以能夠感動人們，並不是因為他們已經無法身體力行的親密與激情，而是靠對承諾的堅守。

當愛情發展到了最終的階段，親密不再，激情退去，維繫著真摯情感的只有韌如絲般的一線承諾。

那為什麼身邊的人往往不是對的人？究其原因，是我們對對方在乎的程度實在不夠強，想要有一段大家都在乎的高品質親密關係，需要親密、激情與承諾這三要素。

05 學會話輪，約會不再尬聊

這一節，我教你利用話輪（Turn）技術，在約會中停止尬聊，好好說話。

很多人問我，約會時，該和對方聊些什麼？我好不容易找了個話題，可沒講幾句就把天給聊死了，在尷尬而不失禮貌的微笑中結束了，這可怎麼辦？

所以，這節我要講一個原則、三條注意事項，幫你擊破約會尬聊綜合症。注意，我們這裡講的是怎麼聊天，而不是如何聊騷（按：中國用語，用社交軟體，進行超越普通對話的暖昧交流。不同於暖昧這個詞，給人一種不正派的感覺，屬於貶義詞）。約會的目的，是培養真正的感情，而不是想「搞」定對方。

別說約會了，即便是日常會話，我們也經常陷入「不知聊什麼」與「不知怎麼聊」的窘迫情況。比如你搭別人的車，才聊兩句就發現實在沒話說，於是車廂內陷入了無邊的尷尬，你知道看手機不禮貌，可還是拿出來默默滑。

再比如初次見面，你和對方聊天，沒有評估好對方說話的節奏，對方話還沒說完，你就搶話插話。兩邊同時開說，就會尷尬而不失禮貌的示意一下對方「您先說、您先說」。

又或是跟不太熟的人，也只能說一些場面話。比如，天氣真好啊、今天路上真堵啊。說了一大堆，最後你們誰也沒記住誰。這些問題，都有可能在約會中出現，拉低約會的品質，讓脫單遙遙無期。

想在約會中好好說話，你必須掌握「話輪技術」。**話輪是由美國社會學家哈維・薩克（Harvey Sacks）提出的概念，指的是兩到多人交流時，每個人在自己輪次裡面的連續表達。**

聊天時，你覺得什麼時候該說話、對方什麼時候說完了、自己應該說多久，這全都離不開「話輪」。**這個技能之所以重要，是因為約會中只要有一個人掌握話輪，就能兩個人同時受益。**

我上大學時，流行跳交誼舞。就是男女配對邊唱邊跳「一大大，二大大，三大大」的那種舞。當時男生是由大一屆、已經會跳的學姐帶著跳，女生是學長們負責帶。不是學長姐要占學弟妹們便宜，而是交誼舞非得親自牽手教才學得快。一群不會跳的新生看著學，學半年也學不會，可只要有一個舞伴會跳，帶著另外一個，這學起來可就進步神速了。

運用話輪技術，有點類似於帶人跳交誼舞——對方會不會無所謂，只要你會，情況就差不到哪去。聊天時插話搶話、突然冷場、喋喋不休招人煩，自己還不知道，這都跟話輪沒轉起來有關係。

那麼，**怎樣高效利用話輪技術，讓話題自己轉起來呢？你必須遵循優質話輪的「相當原則」。所謂相當原則，指的是在交流時，要注意雙方說話時長相當、注意力投入相當、地位相當。**

你不喜歡跟話說個沒完的人交流，聊天跟聽課一樣；也討厭跟高冷的人對話，你都不確定他有沒有在聽；更反感和那些發號施令的人說話，感覺你好像欠了他五百萬；至於全程被崇拜、被跪舔，更會覺得渾身上下不自在。

為什麼？就是因為在這些交流中，沒有遵循相當原則，一旦雙方的對話在內容、注意力投入、溝通地位上有了太大的差異，話輪就會像缺乏潤滑的齒輪，沒法順暢運轉。了解這一點，你就知道約會中該怎麼把握聊天的火候了。

第一，不要說太多，也不要聽太多。

聊天時，有的人傾向於表達，另外一些人傾向於傾聽，這很正常。可在約會中，我們盡量要把雙方表達時長控制在差不多的長度，交流就像打乒乓球，你打過去，他打回來，如果一方不揮拍子了，這球就打不下去。**為了引導話輪均等運轉，你可以嘗試以下的溝通技術，它的公式化表達是：「表述自身資源與觀點，再以好奇心拋出一個半開放性問題。」**

比如我是學心理學的，可以跟約會對象說：「我最近在看《未來簡史》（*Une brève histoire de l'avenir*），這本書其實並不是心理學著作，但我一直覺得，如果學哪行就只看哪行的書，容易讓人對事物的認識變得狹窄，所以我也看看社會學跟人類學的書，對其他學科也有點興趣。但我有個問題一直搞不懂，妳說經濟學跟金融學到底有啥區別？妳是學金融的，能講給我聽嗎？」這樣既不至於讓自己的話顯得太「菜」，也提供對方很好的交流切入點。對方只要對你不反感，是很容易接過話題，讓話輪繼續運轉。

第二，不要高姿態，也不要低姿態。

如果約會對象總覺得你太強勢，那你一定要注意在聊天時減少使用「鎖閉型發問」，也就是那些只靠是、否就能回答的問題。這樣的問題本身就很有壓迫感，有的人會習慣連續問幾個，這就讓你顯得非常像審問而非約會。

比如相親三必問：「你有首都戶口嗎？」「你是在首都本地長大的嗎？」「那你家在交通要道上有房嗎？」就顯得情商很低。同樣，如果你不想讓自己的姿態太低，就要注意在交流時不要出讓所有的選擇權。「吃啥都行，喝啥都好。」「哦哦我都可以，你看著辦。」這樣的話，適當表達是有禮貌，但是把選擇權全部讓給對方，就會導致自己姿態太低。

保有足夠選擇的同時，也要敢於否認對方的一些觀點，不要刻意逢迎，不要太在意這會不會讓你留下不好的印象，凸顯自身的獨立人格，也照樣是很有魅力的事情。同時，對方說句話，你就「嗯嗯嗯」，反而不能讓話題深入下去，有時候，反而要說「我不這樣想」，才能進一步讓溝通繼續，話輪轉起來。

第三，保持高投入，引導對方也擁有高投入。

我跟老婆每晚去幼兒園接兒子，都會在門口聊上一會兒。有一個孩子的奶奶很羨慕的跟我們說：「你們真親密，我們家兒子兒媳婦，天天回了家就各玩各的手機，孩子也沒心思帶。」各玩各的手機，其實就是「低投入」的表現。

但如果你處於一頭熱的情況，那就要注意保持自己的高投入，激發對方的高投入。為了引起對方興趣，很多人會下意識的展示資源——我名校畢業，月薪多少，有房有車，如何如何……對方倘若不拜金，其實未必吃這套，心想：「你的錢又不是我的錢，跟我有毛關係？」

沒資源的可能就天南地北的胡扯，卻容易讓對方抓不住重點。為了讓對話繼續，請注意要在你的話裡表露「觀點」，而不是太多「內容」，觀點是能夠激發情緒和參與動機的，哪怕這種被激發的情緒未必是好情緒。這個觀點如果跟對方有一定關係，那效果往往就更好了。

不管是認同還是不認同，對方都一定先要了解你的觀點是什麼，以及你為什麼要這麼想，這樣一來，就倒逼他要投入對話，而對方給你的回饋，也會引導話題繼續深入。

前幾天，我的一個朋友出門約會，女方明顯對他不反感，聊著聊著，我這朋友談到北京房租飛漲，還說了自己的一個觀點：「房租漲這麼高，讓租房客要麼逃離，要麼咬牙買房留下還貸。」同為租房族的女方一聽就來了精神，她很認同這個觀點：「最近之所以對相親沒興致，就是因為琢磨還要不要留北京。」很快，前二十分鐘的尬聊一掃而空，兩人相談甚歡，約會成果顯著。

聊天氣氛正熱時，你還要提醒自己：話輪是很脆弱的，能打斷它的東西很多。所以，約會時，請盡量減少外界和潛在干擾。談話跟睡覺一樣，有的人入睡快，睡得深；有的人入睡難，還睡得淺，有點風吹草動，就睡不好。跟你處了十幾年的哥兒們、跟你關係非常好的閨蜜，你們的話輪往往能迅速深入。但約會時，你跟對方不熟，而且極容易被外界干擾，深入話題也需要慢慢完成，所以，別以為說話只跟內容有關，想讓話輪轉的好，環境上先要下功夫。

首先，約會環境要單一，不要嘈雜。外界干擾太多，自然會影響對話持續與深入進行，話輪就無法保持順暢與延續。但如果你找一個什麼都沒有的空間，只有你們兩個人，那又會顯得非常尷尬。所以「環境單一，不要嘈雜」成為約會對話環境的保障首選。

人們相親時喜愛選擇咖啡館和西餐廳，不是沒道理，少見有人第一次相親選擇吃重慶老火鍋與麻辣小龍蝦，就是為了保障交流的環境既不至於顯得奇怪，也不至於影響大家辦正事。

其次，選擇不刻意加工就能完成的事情。乾巴巴的為了聊而聊，很容易讓彼此局促、尷尬、不知該說點什麼。約會時，最好能選點「邊聊邊做」的事情，這能讓你把主要的精力與認知資源放在好好聊天上。

人們喜歡約「一起吃個飯」，實際上吃飯時的交談，往往才是大家更看重的東西。我有個朋友發了條微信朋友圈，我覺得寫得很好，內容是：兩個人吃飯那才叫吃飯，一個人吃飯那叫吃飼料。

吃東西是個不需要投入過多腦力的事，所以初期約會時，最好也做些不用太耗腦子的行為，比如吃飯、閒逛、喝杯下午茶。

在此階段，很多人覺得「投其所好」能起到最好的效果，所以一起拿出手機組隊玩遊戲，或者陪逛街買衣服，但我並不建議這麼做。你們可能的確玩得很開心，但這些事情很耗心力，這會讓你沒法有機會跟對方真正深入交流，塑造一組逐步深入、持久耐用的話輪。

這裡我要老生常談，約會時請務必把手機收起來。根據最新的研究，手機對於當代人交流中的話輪，產生了不可忽視的負面影響。YouTube上有個互聯網調查：「中國女生最討厭的男生行為？」排名第二就是「約會時玩手機」。

手機很好玩，但在約會時，我建議你把手機收在自己的包裡——注意，不是放在桌上，也不是調成靜音，而是放進包裡。

麻省理工學院（Massachusetts Institute of Technology，簡稱MIT）的教授雪利．特克爾（Sherry Turkle）在實驗中發現，手機會讓面對面的兩個人聊的內容更加膚淺。只要桌子上放著個手機，哪怕螢幕不亮，也沒聲音，一副無害的樣子，只要人們看到了，就會降低面對面交流的溝通深度與溝通品質。

你可能會說：「我就約個會，聊那麼深幹啥？輕鬆點難道不是更好嗎？」這節最後，我還想再提一個點。你出門約會，目的是什麼？從相親，到約會、談婚論嫁，都離不開你一言我一語的交流。你覺得，這些交流的目的又是什麼？

有人會說相親是為了「拿住對方」，約會那就要「推倒對方」，談婚論嫁那就要聊聊誰家出房子，誰家買車子。也對也不對。

再以更深一層的角度來看，所有這些交流，乃至所有跟對方的談話，都是為了達到一個目的：「和對方達到一定程度的共識」。認識到了這一點，你對「約會時聊什麼」的領悟，就要比別人更深一層了。

總結一下本節內容，**想讓約會不尬聊，交流順暢愉快，你必須掌握話輪技術，讓話題自己轉起來。約會時，雙方說話時長要盡量相當、注意力投入相當、地位相當。盡量選個安靜無干擾的地方，做些不費腦子的事情。還有，請務必把手機放進包裡。**

06 培養愛情的四種正確花錢方法

本節要討論一個很現實的話題：「錢對愛情而言，到底意味著什麼？」我想說的是，「**物質不能兌換愛情，愛情卻賦予了物質更深的意義**」。

有句話大家可能聽過：「談錢傷感情，不談錢沒感情。」送禮物要掏錢，一起旅遊要花錢，看場電影，至少得付得起電影票吧！無論何時，也不論何地，戀愛都和錢分不開。

你肯定也聽過「經濟基礎決定上層建築，沒錢的人，不配有愛情」這句話。但我想告訴你，**對真愛來說，錢沒那麼重要；但是錢，可以衡量這段感情在你心中的分量。**

舉個例子，鑽石只是一塊石頭，不算高價值投資品。但是戴在無名指上的鑽戒，卻是男孩子給女孩子巨大投資的標誌性印記。

我以前待過某家公司，年輕妹子很多，所以我每年都要參加好幾場婚禮，出許多次紅包錢。女孩子們結婚前，總會談到的一個話題，就是鑽戒多大、多少克拉、有幾分。說實話，什麼樣的鑽石算幾分，我到今天一直不清楚。

我們都聽過這樣一段話：「他給你花了人民幣一百元（按：本書根據二〇二一年十二月二十日當天公告，人民幣一元等於新臺幣四．三元，若無特別標註皆為人民幣），我給你花了十元，但我更愛你。因為他有一萬元，給你花了百分之一，而我，只有十元，傾盡所有。」這話聽著讓人感動，其實和我這節想表達的意思有關。

錢對於愛情來說，它的價值超越了購買力，花大錢買枚鑽戒，起碼說明這兩點。第一，你買得起；第二，你願意買給她。買得起固然能讓對方開心，但是願意買，更讓人有安全感。這起碼證明了，你對我來說，比錢重要得多。

這才是金錢對於愛情的核心意義，可惜現在很多人，把這道理給搞反了。

我對鑽戒的認識，並不來自於心理學家，而來自於給我和老婆主持婚禮的神父。籌備婚禮時，我和妻子一起去見了這位神父，他指導我們策劃了婚禮流程之後，還特意囑咐了幾個要點。

其中一個就是，交換戒指時，不可以用鑽戒，甚至金戒與鉑金戒也不行。這是為什麼呢？神父解釋，「只有結構簡單、外形樸素的指環，才能闡釋交換戒指的意義，象徵婚姻信條對人的約束」；二來是「鑽戒太強調物質價值，它不適合出現在婚禮這種強調情感連結與契約精神的場合」。

我非常認同神父的說法。我周邊越來越多的人，在分享自己被男友求婚時奉出了幾克拉的鑽戒之類的話題。可這枚鑽戒蘊含的信任與愛，卻沒有擺到桌面上，被物質外殼掩蓋了。

最後，我在某家知名電商平臺買了一對鋼戒。它結構經典、紋路簡潔，包郵到家，一對花了兩百四十元。我的妻子第一次戴上它時，把新娘妝都哭花了。不過我想，應該不是因為戒指太便宜導致的。

不是信物給了愛情價值，而是愛情給了信物價值。

加拿大社會學家約翰・阿蘭・李（John Alan Lee）採用了一種非常特殊的研究愛情的方法，來確定到底是什麼要素可能構成愛情最重要的部分。他從幾百部小說中，總結出了四千種可能出現在愛情中的元素，並將這些元素劃歸、編制成一套體系嚴謹的問卷。

約翰緊接著針對加拿大及英國的情侶們投放了大量問卷，在最終的統計結果中，物質因素與經濟條件並沒有出現在第一梯次的調查對象中。

嚴肅認真的愛情中，雙方往往能夠接受彼此是「潛力股」。**你現在有多少錢，並不像大家說的那麼重要，但你要知道，你捨得給對方，為愛情砸下多少資源，這可是非常重要的。**

所以我給你最直接的建議就是，把財富呈獻給你青睞且信賴的對象。這聽上去，好像要求你向女友保證：「買了房一定寫妳的名字。」實際上沒這麼簡單直接。好鋼用在刀刃上，為了收穫嚴肅純真的愛情，錢要這樣花：

首先，錢花在體驗上，比花在實物上值得。你買輛車給對方，總不能把名字刻上去吧，就算刻上去了，車不還是車嗎？但如果你們一起去旅遊，這次出遊的目的地你們之前都沒去過，而且旅遊體驗超級棒，你們彼此就留在了雙方對這裡的所有記憶中了。

我們之前講過，親密關係的成長，很大程度上來自於情侶間深厚的友誼基礎，也許他們還沒到戀愛這一步，就已經以同學、同事、朋友的身分，分享了很多共同的經歷，於是友誼隨著時間的發展，緩慢而平穩過渡為愛情。

同理，把錢花在雙方分享的共同體驗上，而非實物化的禮物，其實反而為關係的成熟度，提供了更多的情感資源。畢竟，你給對方買個禮物，充其量只是花錢，但如果你在花錢的同時，還分享了體驗，你們彼此還投入了時間、情感、精力等，這種深度，可不是單獨花點錢能比的。

其次，花在關愛上，比花在享受上值得。愛情進一步發展的重要動力之一，就是無私的關愛。為心愛的他花錢，兌現你的關愛，是不是感覺特別好？一起吃飯、泡 bar、喝下午茶，誠然都是花錢的好方法，但如果能給想減肥的他報個教練；給酷愛某個樂隊的她買張簽名專輯；替不解風情的他上知乎買一下我的脫單課程，你看，增加了關愛的屬性，這錢花的，便多了一些溫度。

投資於愛好、健康、個人精進，家庭，其實都算是關愛。在這些方面，有很多值得花錢的地方，並不是潮牌、珠寶或奢侈品，才是花錢的主場。

第三，很多時候，一起省錢，比一起揮霍更能培養愛情。不要認為與財富有關的互動只有花錢，其實一起省錢，也特別能促進感情升溫。

那麼，該如何分配雙方收入與理財的比例，才能達到培養愛情而不是毀滅愛情的效果呢？不同的情侶適合的分配方法各有不同，但是不因為錢的問題吵架的情侶，卻分享著這樣的共同點：他們對怎麼理財這件事，總能達成共識。一方斤斤計較、一毛不拔；另一方大手大腳、揮金如土的情侶，特別容易吵架鬧彆扭，陷入感情危機。

對於剛剛墜入愛河的情侶來講，談一起攢錢還為時尚早，但是我覺得你有必要一開始就明白，不是只有花錢才能培養愛情。還需要提醒大家的是，「誰有錢就誰掏錢」不是一種正確認知，「沒有錢也要硬掏錢」更是錯上加錯。

戀愛講究你來我往，可不能只讓一個人出錢，縱然雙方經濟實力差距很大，老讓一個人出錢，你們愛情的小船很可能會翻船。

沒錢就少花點，有錢就多花點，但不能因為沒錢就不花，有錢就全包。如果你是比較有錢的那一方，哪怕你是自願的全買單，也要注意這種行為會讓對方感到被動；如果你是相對缺錢的那一方，縱然對方非常熱切的想付帳，你也要注意這會造成雙方地位的不平等。

總之，物質不能直接兌換愛情。但是，是愛情讓物質的存在與分享，擁有了更深層的含義。也許我們應該試著做到，不再過分依靠物質來彌補缺失的安全感，而是藉由一段讓人享受其中的愛情，來維繫生活的從容不迫。

人們都知道，家是心靈與身體的港灣，能停泊萬噸巨輪也能棲息獨木小舟。但是只有物質，沒有靈與肉的體驗，那永遠不能成為你的最終母港。

我們探討了愛情這種上層建築，到底需要怎樣的物質基礎。我希望你能明白金錢與愛情的關係，不像很多人說的那樣本末倒置。愛情賦予信物意義，而非信物賦予愛情意義。

除此之外，戀愛中好好花錢，還有四個參考標準：花在體驗上、花在關愛上、省錢也有用、兩人一起花。

07 借助社會交換理論，斬斷單相思

本節，我們要談談「暗戀」這個話題。如果你正在暗戀中，那這節內容可能會讓你不舒服，但一定會幫你更能梳理現在的情感狀態。

愛情容易讓人盲目，但暗戀比一般愛情還容易讓人盲目，今天，我們就要擊破它，理性的分析一下暗戀這種有點奇怪的愛情模式，並給出一些方法，幫你決定是要邁出一步呢，還是早死心早好。

首先，你要知道一個殘酷而實際的現實：**愛情除了是一種化學反應之外，還是一種交易；而暗戀，則是一次買賣雙方極度不對等的交易**——一方什麼都願意給，另一方則可能什麼都不想要。

今天，我們就要從社會交換理論的角度，用公式和代數計算的形式，來換算暗戀這種愛情。今天的內容會有點燒腦，如果你一下子沒聽明白，完全沒關係！你可以在一百零八頁之後好好看看相關公式。

二十世紀後半段，學者哈羅爾．凱利（Harold Kelley）將愛情心理學和經濟學嫁接起來，提出了一種解析親密關係的全新理論，這就是社會交換理論。不同於那些特講情懷的愛情理論，在這個理論之中，每個人都在用經濟學者的眼光追逐愛情、用理性現實的態度評估愛情、用趨利避害的動機決策愛情，親密關係簡約的像一件商場裡的展品。

這裡暫且不論「社會交換理論」是否過於冷酷和不解風情，我們在現實中，確實可以觀察到不少人秉持著這樣的觀念：親密關係就是權衡利弊，對他們而言，真正強調的是理性的動機與決策。在這段關係中，無論感受是好是壞，是甜蜜還是痛苦，都能界限分明的把動機從感受裡摘出來。

支持社會交換理論的心理學家們，提出了一系列**與愛情有關的公式**，我說幾個講給你聽。

第一個公式，是整個理論的基礎：盈利＝回報－支出。

這裡的盈利、回報與支出，都同時包含著兩層含義：物質與情感。如果一對有孩子的夫妻想要離婚，那麼無論是親朋好友，還是居委會大媽，乃至民政局的調解人員，毫無懸念，大家第一句勸解的話往往是：「你們多想想孩子。」

而這句話的深層意思是，你們多考慮一下利弊。這無形中強迫了當事人再一次嚴肅的權衡離婚的利弊，不得不把自己的現實情況套進上面的公式裡。

而暗戀也能套進這個公式。為什麼暗戀者付出了心血、時間、甚至財富，經歷了漫長的「酸酸甜甜，有點鹹，還有些苦不堪言」的單向之戀，仍然深陷其中無可自拔？

因為暗戀就像一場投資，在這場投資裡，他們有失有得，有當下的巨大付出，也有對未來的美好願景，對他們而言，這場投資給他們帶來了真實的或虛擬的盈利，這也是讓他們堅持下去的動力。

我舉個例子。你看一個小小的投注站，在煙霧氤氳中，天天那麼多人懷揣著發財的夢想頻頻投注。他們之中能獲得五百萬的少之又少，可這絲毫不影響他們的熱情和對夢想的投入——你不讓他買彩券，他倒真難受。

暗戀者和投注站的彩民心態是一樣的。每天都在翹首以盼妄想能中獎，但是一次又一次的求而不得，並沒有讓他們熱情消退，因為在等待開獎的過程中，所摻雜的情感成分和逼近窒息的那種刺激感，以及開獎後強烈的落差和失望，已經超越了物質帶來的體驗，暗戀這件事本身及其帶來的心理感受，無論這種感受是積極的還是消極的，對他們而言就已經是一種收穫。

暗戀者在多次愛而不得的打擊下，能否繼續堅持下去，其實是一場「回報與支出」的衡量，是一次以「盈利」為參考的決策。雖然這場投資的支出很多，回報很少，感受很消極，但是只要有盈利，就能讓他們做出「堅定不移的走下去」的決策。

要知道，在愛情裡，感受如何與動機怎樣，完全是兩回事。並不是天天吵架的情侶都會分手，也不是日子過得平穩的夫妻全就能白頭偕老，而大多數對婚姻並不滿意的人，還是選擇了把日子湊合過下去。

因為維持親密關係，是衡量支出和回報後做出的行為決策，就算相處不愉快，也未必要離婚，畢竟除了愛情本身，還有太多的東西要考慮，也就是說，感受如何只決定了你對於關係的滿意程度，而動機怎樣卻決定了你最終的行為決策。

從第一個公式來看，暗戀似乎是划算的，至少對於暗戀者來說，是划算的，因為有所得，所以有堅持下去的動機。但是，我想說的是，如果親密關係僅靠著盈利而維持，那麼這段關係真的只能稱作「交易關係」了。

試想，如果夫妻感情已經破裂，但是為了家庭，勉強維持下去，回到家要不就是拳腳相向，要不就是冷漠以對，家不成家，成為了生活的火葬場，這樣的日子過一輩子，估計換誰都絕望吧。

因此，想讓關係更親密，就不能局限在維持和交易上，光靠得失來決策雖然理智，但缺乏溫度。全方位的提升關係滿意度，才能達到雙贏。

第二個公式：關係滿意度＝盈利－對比度。

這裡的對比度，指的是在這段關係中，雙方在關係主導權上的差異，簡單的說，就是強勢與弱勢的對比程度。

暗戀這種愛情模式中，雙方的主導權差異巨大。暗戀者在這段關係的各個方面、各個層級都要明顯低於被暗戀的對象，也就是說，暗戀者是被全面碾壓的那一方。

被暗戀對象的一顰一笑，都可能對暗戀者產生巨大的影響，而即便暗戀者在被暗戀對象一公里外的地方不小心掉進坑裡，也不一定能觸發被暗戀者的憐憫和關注，甚至被暗戀者可能還會將這個小插曲當作與朋友們聊天的話題。

所以對於暗戀者來說，地位很低，明顯處於弱勢，對比度的數值很高，即便在暗戀中獲得了微薄的盈利，也無法有效提升關係滿意度。因此，如果暗戀者不能打破暗戀這個僵局，提升自己的主導權，那只能永遠當備胎或者隱形人。

這樣看來，暗戀是自我折磨，是給自己的生活找不痛快，是一場有錢賺，但是被甲方身心凌虐，到頭來把自己弄得體無完膚的投資，或許賺的還不夠支付醫藥費。

更殘酷的是，暗戀者決定在一棵樹上吊死，而被暗戀者卻擁有一片森林。也就是「對比度」引申出來的另一個與暗戀相關的指標——候選對比度。

所謂候選對比度，指的是情感狀態中，一方對另一方不可替代的差異程度。

比如我正跟你談戀愛，可你有一個備胎等著隨時接盤，而我只要一分手，就變成單身狗一名，直接沒了後路，那我們的候選對比度就很高。

在暗戀中，數值同樣也很大：暗戀者對被暗戀者來說很可能無足輕重，被暗戀者作為受歡迎和被追捧的一方，往往有著更大的選擇空間。而被暗戀者對暗戀者來說卻總是無可替代：「為這一棵樹，拋棄天底下所有的樹都未嘗不可。」

而候選對比度與盈利共同決定了一段關係的排他性，也就是情感不容他人介入的程度。

第三個公式：排他性＝盈利－候選對比度。

你看，對於一些舉案齊眉的夫妻而言，他們從彼此身上都能獲取最大的親密關係盈利，與此同時，他們潛在伴侶的情況差不多，其中任何一方完全沒必要拋下現在已經成熟的關係，來追求另一段愛情，這樣一來，他們這段情感的排他性自然很高。

而在另外的一些情況中，比如無能懦弱的丈夫與擁有優質事業和姣好外貌的妻子的組合，則很有可能造成候選對比度絕對值的增加。丈夫僅把持著妻子的忠貞，而妻子面對著更多的選擇。在這樣的情況下，即使他們為彼此帶來許多盈利，可惜排他性仍然稍嫌不足。

暗戀則是另外一個典型的低排他性的情況——「你是我的定格，我是你的過客」。暗戀帶來的盈利本身就非常有限，更何況候選對比度也慘不忍睹，於是，排他性自然小得可憐，受傷的也往往是痴情的暗戀者。

在研究排他性與關係滿意度比對的過程中，我們還可以嘗試分類一些典型的親密關係狀態，就像表2-1所示——如果你以前談過戀愛，你可以看看當時你的戀情是落在了哪個類別裡，也許你會頓悟，之前分手的原因究竟是什麼。

從表2-1不難看出來，暗戀其實處於一個相對尷尬的位置。它的滿意度低，排他性低，而針對於暗戀者本身的盈利值還不一定高。這就註定了暗戀模式的未來走向

表2-1　排他性與關係滿意度比對

	高滿意度	低滿意度
高排他性	穩健的親密關係	空殼愛情；家族聯姻
低排他性	短暫而輕浮的親密關係	暗戀；形同陌路

並不被看好。

因為還有**第四個公式：情感承諾度＝滿意度＋排他性。**

情感承諾度，指的是一個人在當下關係中繼續堅持的可能性。很多情況下，暗戀是投下了巨大賭注的一件買賣，它最終能博得一個大團圓結果的可能性實在太低了。它的滿意度低，它的排他性低，自然而然的，它的情感承諾度也很低，它的成功率和靠譜率，實在太渺茫了。

醒醒吧，別耽誤功夫在暗戀了，喜歡對方就勇敢表達，大家都是成年人，不要彼此浪費時間。一直耗下去，非但沒有好結果，可能現在已有的關係都被耗盡了，到頭來還是自己受傷害。

以上也是我給所有暗戀人士的建議。只要你理解了「暗戀不划算」這一點，你就在這個話題上的認識強過了大多數人。

在一九九八年的一項研究中，九百零七個大學生被研究人員問到了一個問題：「你有沒有經歷過暗戀、單相思或者其他形式的單方面愛戀的親密關係？」超過八〇%的樣本都表示他們經歷過，而在那場親密關係中的他們，主要是有著三個想法投入其中的。

第一種想法，是覺得「非他不可」；第二種想法，是覺得「堅持就是勝利」，指望能感動上天；第三種想法，就是純粹的寧願只是「愛過」。

究其原因，很大程度上是因為今天的文化推崇「堅持暗戀，證明你是真愛」。大量的文學作品和影視作品刻意渲染了真愛無敵的觀念，死纏爛打、甚至經年累月的沉默之愛，都被塑造成打動對方的殺手鐧。一定程度上，這為暗戀者們留下了一個與真實情況嚴重脫節的情感期望，他們不知不覺走到了溝壑的邊緣而不自知。小說、電影與漫畫裡面的暗戀成功，在現實生活中是很難複製的，請你務必注意。

總之，我沒有太多的建議提供給處於暗戀之中的人——勸你堅持肯定是不負責任的，祝你幸福的話我也說不出口。我只能寄希望於上述的公式，能告訴你這樣的解決方案：**要麼沉默離開，要麼勇敢攤牌。如果這麼做了，最差又能怎麼樣？**在我看來，**最差的結果也比一廂情願的沉默付出要好。**

重要的是，我們談到了一種平時人們不具備的，看待愛情的視角，它由盈利、對比度、關係滿意度、候選對比度，排他性和情感承諾度這幾個元素構成。這些指標在我看來，就是評估與衡量愛情的視覺化指標。

你掌握了這些指標之後，不僅能讓你理解暗戀的弊端，更能讓你更加解析其他形式的愛情——哪裡是缺點？哪裡有風險？哪裡需努力？總之，盈利越高越好，對比度越低越好，關係滿意度越高越好，候選對比度越低越好，排他性越高越好，情感承諾度越高越好。

總之，愛情雖不是買賣，但多考慮有益無害。

08

巴納姆效應，算命的怎麼說怎麼準！

做我這行，有一類很尷尬的事，發生得挺頻繁。

曾經有個女生找過我說：「算命的說我們屬相不合，占星的說我們星盤不配，但我們真的彼此相愛。老師，你怎麼才能讓我們又合又配？」對此，我非常無語。因為愛情這個事，說真的，星座、算命什麼的，不可靠。

舉個例子：「我曾經因為過於寵愛我所愛的人，以至於傷害到了我自己。」你有沒有因這句話而產生共鳴？這句話出現於多個星座解讀與愛情相關的內容中，卻在不同的場合用於形容不同的星座。這句看上去充滿個性描述的話，似乎也能作為對每一個星座都到位的評價。很多看上去具體的刻骨銘心，其實誰都經歷過。一旦旁邊有一個聲音告訴你這是你個性化的感受，聽上去難免還是挺受用的。畢竟，人們很容易誤以為自己的愛情太波瀾壯闊。

有些人深深痴迷於星座，認為出生的日期決定了一生的運程——尤其是愛情。射手座與雙子座更花心，獅子座更愛在戀情中掌握主動性，而牡羊座凡事都以下半身思考。

對心理學了解不深的人，誤入星座神祕學的領域難以自拔，這很好理解。因為人們對於自身生命發展的軌跡充滿了未知，總要尋找一個可靠的角度，來讓自己安神定心，星座只是其中的一個具體表現形式罷了。「但是它真的很準！」也許會有人如此反駁。

一八四二年，著名的馬戲商人費尼爾司・泰勒・巴納姆（Phineas Taylor Barnum）在美國紐約開辦了美國博物館。這個所謂的博物館雖然有一個看上去非常高端的名字，實際上性質和馬戲團差不多。

該博物館裡有非常多怪異而奇特的展品，其中包括在考古界曾轟動一時的斐濟美人魚。但後來事實證明，此博物館中大量噱頭無限的展出物，都是弄虛作假而成。所謂的斐濟美人魚，只是靠混凝紙漿把半隻猴子和半條魚糊在一起的贋造品而已。看到了這些贗品的參觀者們，卻深深相信他們看到了難得一見的奇觀。遊客們的深信不疑以及賣力宣傳，竟然讓假貨獲得了真品的待遇。所以，美國心理學家伯特倫．福勒（Bertram Forer）選擇以「巴納姆效應」（Barnum effect，又稱 Forer effect），來命名他在一九四八年的研究發現。

伯特倫對他的學生進行了一次毫無依據的人格測驗。此測驗只是看上去像個正式的人格測驗而已，並提供給每個人分析結果。他要求參與測驗的學生們為測驗結果與自身真實情況的契合度評分。

五分代表這個分析與自己完全相符，而零分代表分析內容與真實情況完全不同。學生們所不知道的是，他們每個人得到的所謂測驗結果，其實都是完全一樣的。伯特倫早在測驗之前，就從當時流行的星座特質的描述中，摘抄了多個星座的特徵綜合在一起，蒐集出即將呈現給學生們的內容。

這段讓每個參與者都看到的話，如下：

你祈求受到他人喜愛卻對自己吹毛求疵。雖然人格有些缺陷，但大體而言你都有辦法彌補。

你擁有可觀的未開發潛能，尚未就你的長處發揮。看似強硬、嚴格自律的外在，掩蓋著不安與憂慮的內心。

許多時候，你嚴重質疑自己是否做了對的事情或正確的決定。你喜歡一定程度的變動，並在受限時感到不滿。你為自己是獨立思想者自豪，並且不會接受沒有充分證據的言論，但你認為對他人過度坦率是不明智的。

更有些時候你外向、親和、充滿社會性，有些時候你卻內向、謹慎而沉默。你的一些抱負是不切實際的。

最終，學生們給這段話與自己真實情況的契合度打出的分數的平均分是四・二六分，這已經是一個遠遠超過伯特倫預期的數字了。伯特倫的實驗已經充分說明，星座描述裡的那些話，雖然看著都直指個人的內心世界，實際上具有相當的普遍性。這一效應就被稱為巴納姆效應，是心理學界對「星座能信」這件事情最可靠的解釋。

在所謂的星座特質脫胎而生時，摻雜了太多的小動作，導致它看上去那麼準。首先，它非常強調正面評價與負面評價存在比例。鮮少有人在某些特質上是非常極端的，這就給了類似「你是一個喜歡交流的人，但很多時候你真的想一個人靜靜」這樣的話大量的市場。

在敘述中，頻繁使用「但是」、「不過」與「可是」這類轉折詞，挑一些人皆有之的方面，正反話全說到，由不得人們不信。

其次，它往往刻意強調神祕感與權威感，「看上去很厲害」，讓聽到的人產生了不該產生的信任與崇拜。解讀星座運程的人總是走偶像路線，而星座相關的書籍和網站，也都刻意渲染其神祕性。這樣的輿論導向亂花漸欲迷人眼，很有蠱惑人心的功效。

再加上它的句子通常很模糊，而沒有具體的評價。「偶爾」、「有的時候」、「一些」等詞語都歸於此流。凡是看上去肯定的話語，肯定連接著一個並不肯定的物件，導致解釋起來能夠不費力。

比如某個星座與某個星座並不般配一類的，一旦參與到對客觀世界的真正評估與理性預測中來，星座所提供的資訊就越發微不足道。星座在形容人格方面並不可信，關於愛情，其實它也提不出什麼更好的建議。

深信星座，依然無法讓星座更完整的形容你，倒是有可能把你塑造成星座所描述的那種人。占星師們非常反對心理學界的研究砸了他們的飯碗，於是著名人格心理學家漢斯·埃森克（Hans J. Eysenck）與富於名望的占星學家傑夫·梅奧（Jeff Mayo），聯手針對梅奧的客戶與學生們進行了調查研究。

兩千多人提供了他們的出生日期，同時也填寫了埃森克的人格調查問卷。對星座持懷疑態度的心理學界希望透過結果證明，星座學說只是古老的偽科學罷了，而占星學的擁護者們希望借此充分提升占星學的地位。

讓心理學界始料未及的是，調研結果與占星學說中的內容基本吻合。比如，水象星座與土象星座在人格神經質上的差異，一如星座學說中的描述。埃森克很快就意識到了其中的癥結，隨即進行了兩個補充調查。

第一個調查，針對一千名幾乎說不出星座與性格之間關係的兒童。這次補充調查的結果與之前調查的結果完全相左，孩子們的性格與他們的星座無關聯。

第二個調查對象則改為對星座學說了解程度有很大個體差異的成人。調查發現，對星座和性格之間相互關係了解得越多的人，性格越匹配他的星座，而對星座不那麼了解的人，他的性格跟星座就沒什麼關係了。

星座沒有什麼神奇的魔法，它只是利用了人們對它的投入來影響與塑造人。它絕無可能成為你分析你的親密關係的工具。

這麼一來，倘若對星座的表達深信不疑，對自身的愛情狀態可就缺乏了掌控。對自己親密關係的體會和把握，很有可能因為對於星座這類事物的過於投入，而變得膚淺了很多。

不要在親密關係的任何一個階段，求助於不切實際的東西和指導。如果只是為了求一個心安，有其他的方法來排遣焦慮。**只有在你對星座深信不疑的時候，它才會準。因為在那個階段，它已經逐漸將你塑造成了它想讓你成為的人，而你的愛情與生活，其實完全把握在你自己的手中。**

第3章

正面對決
磨合期的矛盾

01 相似性原則，更能為愛情保鮮

本節我們要談的，是一個與愛情如影隨形的詞——緣分。找不到愛情，說是緣分沒到；找到了愛情，說是因為緣分走到了一起；談著談著分手了，說是有緣無分。很多人認為，是「緣分」成就了愛情。那到底什麼是緣分？我們該怎麼利用科學方法認識緣分，進而利用緣分呢？

一九九八年，我還是個小學五年級的學生。那時，電視劇《還珠格格》席捲全中國，劇中演員林心如成了全民女神，趙薇成了陽光女子的代表，蘇有朋斬獲了無數少女粉絲，爾康（周杰）呢，暫時還沒有淪為表情包素材。

小學高年級的女生要比男生早熟些，某天，下課時間，我隔壁桌的女生跟她的閨蜜聊天：「妳說我長大以後，是嫁給《還珠格格》裡的五阿哥，還是嫁給爾康呢？」我心裡嘀咕：「這是什麼白痴問題，就妳長那樣，比爾泰還黑，還想嫁五阿哥？」但她的閨蜜明顯有更深入的了解。她說：「我倒是不擔心這個。我想啊，長大以後，我是嫁個相似的人呢，還是嫁個互補的人呢？」

天問！簡直是天問！「相似」還是「互補」，已經遠遠超出了《還珠格格》的淺顯愛情觀，直指愛情內涵。尋愛即選擇，追求與被追求、戀愛與白頭偕老，一直都在選擇與決策。

不少人明白，戀愛即選擇，也設立了標準，可是一進入真槍實彈的實戰環節，就亂了陣腳。你可能羅列了一大堆的擇偶條件，可結婚那天，很可能發現伴侶根本不是當年想找的那種人（雖然這一點都不妨礙你們現在相愛）。

每個人都有自己獨特的心路歷程，無法依靠心理學的研究成果，匹配一個如意郎君或者完美新娘。但是，藉由一些權威的研究，可以幫助你避免糾結「相似還是互補」這類問題，為你設置一個戀愛鬧鐘提醒，避免彼此錯過。

這個鬧鐘就是相似性，相似性不僅僅是生活風格、飲食習慣，也包括教育水準和種族，甚至還涉及性格傾向與價值觀。你可能發現，不對呀，我見到過得好的情侶並不相似，他們總有一個活潑，一個內斂；一個大方，一個節儉；一個高冷，一個臉皮比較厚。

確實，如果情侶、夫妻雙方吵架了，兩個人都不低頭，那麼這段關係就離結束不遠了。總得有一方逗對方笑、拉下臉的跪舔另一方，把對方從高高的神壇拉下凡間，才能繼續維持「只羨鴛鴦不羨仙」的平凡愛情。但這僅僅是表象上的互補而不相似。

相似性是一個需要系統評估的指標。它不是印象分，而是考察各方面的綜合分。就好比情侶吵架了，主動講和的一方如果不認同「愛情需要妥協」，肯定不會伸出橄欖枝；擺架子的另一方，如果沒有認可愛情需要妥協的態度，也不會高抬貴腳、順著臺階下。

如果缺乏相似性，雙方很難萌生出愛情的火花。完全的陌生容易引來戒備，加上足夠的相似性，就能夠表現出奇妙的效果。

對於愛情來說也是這樣，互補性可以帶來一些魅力，但相似性還是愛情的必要條件，人們更容易結識與自己相似的人，人們出入的場合，相似的人也經常去。人們更容易發現和自己氣場相投的人，比方說，我從來沒有跟模特兒交往過，我想最大的原因並不是我追求不到，而是我和模特差異太大，接觸不到。

這種**因為相似性，才有可能相識的心理學效應，就是所謂的緣分**。我老婆的堂妹結婚時，述說了她的愛情歷程。她搭綠皮硬座的便宜火車去鳳凰古城旅遊，跟坐在對面的男生相談甚歡。一來二去的，對面的男生後來成了我堂妹夫。

我肯定不會坐著綠皮硬座火車去鳳凰古城。這意味著，我肯定不會遇到堂妹這樣的女生，堂妹夫能在她對面出現，就意味著他們很相似了。

看著沉浸在幸福中不能自拔的堂妹，我不禁想：「如果她不在這次旅程中碰見現在的堂妹夫，我敢肯定，一定也會在別的旅程中，碰見別的可能成為堂妹夫的男人。」這就是緣分。

而哪些相似性，最值得我們討論呢？

第一，是地理上的，所謂**近水樓臺先得月。因為相似，才能夠接觸；能夠接觸，才可能產生良好的關係。**

美國密西根大學（University of Michigan）的社會心理學家利昂・費斯汀格（Leon Festinger），研究了麻省理工學院住宿生們的擇友原則。他選擇數十名新生作為研究對象，這些新生被校方隨機分散在十七棟不同的宿舍大樓裡。

一年後，距離越近的人彼此間越可能相識，關係越好；而異地戀之所以富有挑戰，就在於地理距離削弱了心理上的相似性。聽到這你可能會說：「那我見到許多人網戀，他們也不需要在一個地方。」

網戀呢，是一個特例。它並不強調距離近，在確立戀愛關係時，雙方甚至可能沒見過面。網戀很殺時間，這在一定程度上抵消了距離的不良影響。

我還想說，網戀須謹慎。因為在網戀中，雙方所鍾情的相似性，在事實上未必存在，很可能只是網路加工過，一旦發展到線下見面甚至共同生活，感情將面臨巨大挑戰。

第二，是**社會階層上的「門當戶對」**，很有道理。**門當戶對情結，也是強調相似性**。社會學家拉姆（G. N. Ramu）與馬丁・懷特（Martin King Whyte）調查發現，社會中層及上層家庭更強調門當戶對，更傾向於干預子女的婚戀選擇。

門當戶對是否政治正確，我們不討論。從親密關係的心理學研究看來，它的確是一種心理傾向的具體表現形式。

第三，如果先天相似性不足，可以**培養後天相似性**，**也就是「熟悉感」**，並不是所有的相似性都是先天形成的，有的相似性，可以**依靠長期交流與共處培養**，**這種相似性也有益於親密關係**。

對於絕大多數人來說，關係穩定發展的可能性大於一見鍾情的可能性，培養來的相似性與熟悉感都起到了巨大作用。

比方說，我爸爸以前是個老菸槍，我媽媽不抽菸，她經常吐槽抽菸這件事。在我家，抽菸有悖於夫妻間相似性的提升。後來，爸爸戒菸不抽了，回溯時光，戒菸很大程度上增進了他與母親的夫妻情感。

我爸除了抽菸，睡覺時還會打呼。我媽也曾想要他不打呼，但是隨著時間的流逝，它成為了兩人生活中互相磨合的漏網之魚。現在，如果沒聽到父親的鼾聲，我媽反而睡不著覺。

法國心理學家羅伯特．薩瓊（Robert Zajonc）做過一個印證相似性的實驗。

他把受試人員隨機分成兩組，分別逐一呈現相同類別、相同顏色的三角形和圓形。其中一組，三角形和圓形出現的頻率始終是相等的；另一組，羅伯特逐漸提高了圓形出現的頻率。

實驗者最終提出的問題是：「請問你更喜歡那個圖形？」最終，看圓形看得多的那組，愛圓形也愛得多，這個效應被稱為曝光效應（mere-exposure）。你出現的越頻繁，就越招人喜歡。

說一千道一萬，我還是希望大家拿相似性，來敦促自己進步與成長。總有人說要找高學歷的、多金的、長的帥的、溫柔的、性格好的，但是容我說句實話，人家學歷高長得好不缺錢，憑啥要找你呢？

了解了相似性的重要，相信你很容易理解，想找精英，自己先當精英；想找值得信賴的，自己先當值得信賴的；如果老覺得自己有吸渣體質，也別先著急懟天懟地。先看看自己，是不是哪些地方做的還不到位。

這節探討了緣分的科學意義，並給「找相似」還是「找互補」的人解決方案。從海量大資料分析，**相似性更能為愛情保鮮。如果想提升彼此的相似性，有**

這麼幾個方法：利用地理上的相似性、社會階層的相似性、培養雙方的熟悉感，以及，提升自己的水準和能力。

02 友達以上，戀人未滿，怎麼打破？

這節來聊一種扎心的體驗：友達以上，戀人未滿。說的接地氣一點，就是「我把你當兄弟，你竟然想追我？」如果想跟朋友發展成為戀人，該怎麼擊破這道關係的牆呢？

搖滾歌手史蒂芬．斯蒂爾斯（Stephen Stills）在一九七〇年說過一句話：「如果你不能和你愛上的人在一起，親愛的，愛上和你在一起的人總能辦到的。」一倒楣就倒楣在，和你在一起的人，人家未必愛你啊。朋友和愛人的距離，有時像一層一捅就破的窗戶紙，有時又像一塊厚厚的防彈鋼板。

在我看來，朋友和戀人的區別，約等於「喜歡」與「愛」的區別。因為喜歡，大家能做朋友，但因為程度不夠，不太容易直接升格做戀人。朋友跟戀人的區別很容易讓人揪心。經常有人問我：「有沒有單純的男女關係？」「曾經的戀人還能不能當朋友？」以及「好朋友能不能做戀人？」

嚴格來講，這些問題都超越了心理範疇，涵蓋太多文化與社會的因素，心理學只能提供一些僅供參考的線索，但好在，有些事實，已經在學界獲得了肯定。

首先，你要知道，友誼升級成愛情，有著天然的優勢和基礎，很多情侶是從友誼逐漸發展而來的。我們在第二章談過親密關係的縱深轉變。朋友一般屬於「個體關係」和「緊密關係」的層次，在條件成熟時，向親密關係進行縱深發展是一件自然而然的事情。

其次，你要知道，讓友誼化繭成蝶，昇華成愛情的元素，主要有兩個：你們彼此間分享的生活交集，以及共同經歷的事件演變。說白了，就是「你們彼此知道對方的底細」以及「你們一起經歷了不一般的事情」。**朋友變不成戀人，歸根究柢就是彼此交集太膚淺、共同經歷太乏味。**

你可以畫個平面直角坐標系，裡面的四個象限，應該是如表3-1：

交集和經歷，兩點都不達標——那就是普通朋友一輩子，永遠轉不了正。

交集挺深，經歷平淡——這就是小說《笑傲江湖》令狐沖和小師妹岳靈珊，從小一起長大，但沒有共同經歷過風風雨雨。所以小師妹就表現出「我只拿你當哥哥」的態度。

經歷驚心動魄，交集卻毫無深度——就像我有一次坐雲霄飛車，旁邊座位的陌生女生嚇得全程掐我胳膊。如今回想起來，我當時的叫聲恐怕一半來自於雲霄飛車的刺激，另一半來自於劇痛的手肘。下了車，對方特別不好意思，還買了根雪糕給我賠罪。然後，就沒有然後了。

倘若交集深，經歷還有刺激點——這就是小說《天龍八部》王語嫣和慕容復啊！彼此有深入

♥ 表3-1　關係座標圖

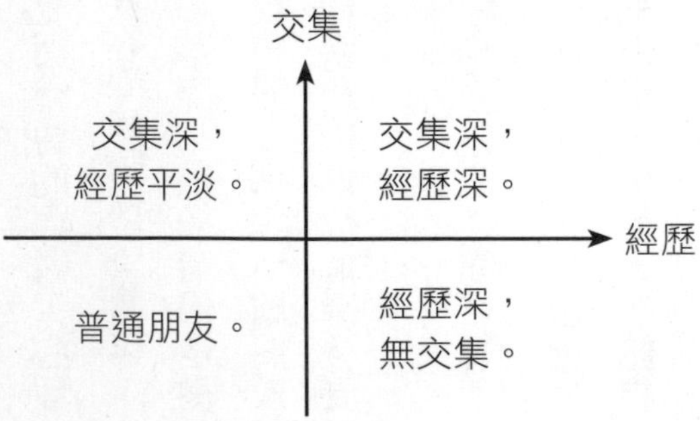

了解，又有著復國大業的幌子，要不是姑蘇慕容氏父子自己作死，王語嫣能看上段譽？

你看，朋友產生於生活的交集——從同事、同學、室友，到線上同好論壇的成員、你經常逛的書店的店員和總送快遞給你的快遞員，都有成為朋友的可能。但有的人之所以能超越朋友，成為戀人，可不僅僅是借力交集，更要挖深關係，增進彼此體驗。

我覺得，戀人比朋友多了兩樣東西：一個是更深的信任，這來自於彼此高水準的交互；一個是強烈的浪漫，這來自於共有體驗中對情感的高度啟動。

無疑，想從友誼升級為愛情，這兩個屏障是你重點需要攻克的難關。一個是彼此的性吸引。異性間的友誼並不能誘發性吸引。對大量的異性朋友而言，一旦對彼此萌生了「不純潔」的想法，恰恰可能是純潔愛戀的真正開始。

親密關係之所以叫做親密關係，是因為它與「親密」脫不了關係。對我們來說，很多人雖然是非常好的朋友，但你並不迫切需要親密接觸。很多朋友，縱然多年不見面，再度相逢時仍可以嬉笑打鬧、把酒言歡。

但是異地戀對相當一部分戀人，是巨大挑戰，因為距離切斷了雙方的親密接觸。我有幾個朋友，雖然十幾年不見，但我們的交情照樣很好。而十幾年不見還一直很恩愛的夫妻，我還真沒見過。

一旦你發現，你對曾經的朋友產生了性吸引，這說明你已經準備好更進一步了。但請務必記住，你想跟對方有性接觸，但對方可未必這麼想，對吧。很多時候，貿然出擊容易導致關係急轉直下，不僅戀人沒當成，朋友都沒得做。但不管怎麼說，啟動朋友間的性吸引，是可以幫助友誼昇華成愛情的。

另一個是劇烈的排他性。友情通常沒有排他性，但是愛情有。很多時候，沉浸在友情中的人們追求人多熱鬧的環境，中國紙牌遊戲鬥地主是三個人、打麻將是四個人、打籃球是五個人、踢足球是十一個人、跳廣場舞是一群人，但是，情侶約會吃飯看電影逛公園過日子，一般都是兩個人。如果在街上看到一個女生同時牽著兩個男生的手，會讓人不免從心底起了嘀咕。

當然了，排他性並不僅僅指親密關係的排他，同時也指因為親密關係而導致的、針對其他情感的排他——這就是為什麼當電燈泡，是一種極其糟糕的體驗，而見色忘友也只是因為他們的戀人已經充斥了他們的視線，讓他們無暇他顧。很多情況下，愛情是盲目的，排他就是盲目的典型表現。

所以說，**從友情到愛情，第二個門檻就是排他性。如果在友情的培養過程中，越發感覺另一個人的參與讓你們感到不協調、不適應甚至不愉快，那很可能是不知不覺中，萌生了愛情。**

排他性怎麼來呢？最簡單的方法，就是在適當的時間點，營造獨處的機會。

做戀人的第一步，就是要比做朋友更強調從行為表現到心理狀態的一致性。

為了清楚兩個人在朋友階段和戀人階段的差別，美國堪薩斯大學（University of Kansas）的臨床心理學家夏琳．穆勒哈德（Charlene Muelenhard）率領她的團隊進行了一個研究。

夏琳向召集來的大學生們展示了一系列影片，影片的內容是一對青年男女在某個公共場合進行交流。這些公共場合從二人都穿著泳裝的沙灘、穿著休閒服飾的咖啡館，直到穿著正裝的高端酒會，談話內容也包羅萬象不一而同。

在看完影片後，大學生們被要求給談話兩人的親密程度打出一個分數，以評價兩人正處於哪種水準的關係。

研究結果顯示，沒有一個和談話相關的指標，對親密關係的表現水準提供了線索。不管人們聊些什麼，或者在哪種場合聊，或者誰說的多一些、誰說的少一些——與親密關係的表現都沒有絲毫關係。

談些什麼，即所謂共同語言的內容和多寡，並沒有成為朋友與戀人的分水嶺。非言語資訊則成為了擊破友誼界限的核心指標。情侶之間，會有朋友通常不會選擇的眾多表情以及肢體接觸。

在這個實驗裡，觀察者對兩人關係親密度評價起到最積極作用的動作是：兩個人的距離在四十五公分以內，兩個人一邊笑一邊有肢體接觸，尤其讓人印象深刻的是，在不笑的過程中，兩個人仍然有肢體接觸。

比如長時間的牽手，或者一方在不經意間撩了一下對方的頭髮。可想而知，「動口不動手」在親密關係裡是不成立的，想要突破朋友圈，動手動腳的非言語資訊很重要。

真正讓夏琳看重的研究成果，是一種叫做「行為同步」的行為表現，這種

「非言語資訊」通常容易發生於有了相當情感基礎的愛侶之中。相較於普通朋友，情侶們會下意識的模仿對方的行為表現，以求達到相當程度的行為同一性。與此同時，情侶也會追求從大到小事的一致性，以此來表達和強調關係。

一方在談話中前傾身體時，另一方也會前傾；一方伸懶腰時，另一方也會放鬆一下肌肉；一方伸出手去，另一方也不會立刻就把手抽走。異口同聲和會心一笑，也是典型的行為同步。雖然朋友之間也會發生這種情況，但是在親密關係中，會更加頻繁。

不過這種行為同步還有更多表現形式，有時候，夫妻臉就是其中的一種。夫妻臉除了指相貌似外，也會表現在行為、態度和氣質的高度一致性。此外，為了顯得更親密與感情好，情侶們還會刻意追求行為的同步，強調彼此之間的同一性——「情侶裝」的流行就很能說明這種情況。

從朋友過渡到戀人的原則，應該是心有靈犀，步調一致。所謂心有靈犀，就是打交道時，少點自我、多點共鳴，找到更多的只有你倆能Get到的點。所謂步調一致，就是要培養更多一致的行為、相似的做事風格和表達習慣。在確定戀愛關係前，請先營造出這種感覺。

這節談了如何衝破友情天花板，讓好朋友變成好戀人。總結下來，無非四個要點：第一，從朋友到戀人，這是個水到渠成的事；第二，交集深、經歷多的朋友，更容易成為戀人；第三，性吸引和排他性兩個指標，可以幫你評估你們的關係；第四，依託心理與行為上的一致性，可以更高效促進關係升溫。

聽我講了這麼多，我想問問，你覺得好朋友到底能不能當戀人呢？很多人覺得戀人是朋友的更高級形式，也有很多人認為友情並不比愛情更次要。多個戀人，但少了個朋友，虧了。你覺得呢？

03 培養情商，是你最值得的投資

本節要聊的是「情商」這個話題。我們都知道，這人情商高，總是能讓跟他打交道的人如沐春風，如果情商低，一起喝杯咖啡的時間，你都覺得度日如年。

知乎問答網上有個問題：「你為什麼和你的男朋友分手？」其中有個答案，我一直放在我電腦裡「我的最愛」資料夾裡，外出培訓時常拿出來講一講。那答主用一個很經典的對話，闡述了什麼叫做男女交往中的「情商低下」。

男孩子跟女孩子說：「親愛的，找個時間，我騎我的摩托車，帶妳出去兜兜風，好嗎？」女孩子則嬌柔回應他：「親愛的，你知道嗎？你跟我說話的時候，加個『寶貝』，我會更開心！」

男孩想了想，這樣回應了她：「嗯！那找個時間，我騎著我的寶貝摩托車，帶妳去兜兜風，好嗎？」

當然，這大概是個段子，但是，這種交流方式，想必你並不陌生吧？情商低的人，簡直是愛情的黑洞。要我說，婚姻不是愛情的墳墓，一個沒情商的戀人才是愛情的墳墓。

在了解怎麼提升與談戀愛有關的情商之前，你要先建立一個認識情商的科學視角。因為說實話，滿大街的「情商」濫用，已經讓這個詞隨處可見了，所以，我們先來撥亂反正一下。

首先，今天我們所探討的情商，跟它剛被提出來的時候，已經不是同一個東西了。人們對情商的關注，大概起源於丹尼爾．古爾曼（Daniel Goleman）的暢銷書《情商》（*Emotional Intelligence*）。古爾曼在書中所闡述的觀點很簡練：「人們在工作和生活中的成功，很大程度不是緣於智商，而是緣於情商」——識別並管理自己以及重要他人情緒的能力。

一開始，情商是類似於智商的概念被提出來的（原本無「情商」這個詞，是先有「智商」，所以也給情感提出一個類似的詞）。而你也知道，智商這個東西，就是個一百上下的數。於是，人們也就想當然的在很長一段時間裡，套用著智商的視角來看待情商：情商就是一個具體而單一的能力，高就是好，低就是差，甚至也能被一個商數來形容和表述。

但你要知道，情商如果低，你跟人說個三句話人家都想揍你。但天底下哪有這麼簡單的事呢？人是一種複雜的動物，其在社交和情緒上的表現非常複雜，可遠遠不是一個數就能概括的。

倘若真的如此，那我覺得還該有個「愛商」——拿個數評估一個人談戀愛的能力，誰的愛商高，就嫁（娶）誰；要是誰的愛商低，那他就活該單身一輩子！明顯不可靠，對吧？

今天我要跟你講的情商概念，則是一個修正後的科學概念了。結合心理學家皮特．薩洛維（Peter Salovey）所領導的關於情商能力模型的研究，恰當行為的情商基礎，主要在於如下四個方面——而這四個方面的能力，就是你需要主動和深入培養的戀愛技術了。

給你的第一個建議，是提升自己對情緒的主動感知。你有沒有這樣的經歷？你回家過年，有個遠房表叔來你家拜年，順便留下吃個午飯。喝了兩、三口酒之後，他開始關注你的終身大事。

其實你一開始覺得還好，畢竟是長輩，而自己也的確還沒嫁娶，人家要說，就讓他說兩句吧，但招架不住這位表叔口無遮攔，說著說著開始埋怨你，甚至扣高帽：「你這個樣子，這麼大了不結婚，你讓你爸媽在老家都抬不起頭來！」甚至還開始比起來：「別看我沒什麼文化，我比你爸還小五歲，我孫子現在都能給我打酒了！你爸呢？」這時的你其實已經有點不高興了，於是不夾菜，也不笑臉相迎了。

對方如果再繼續下去，你要是臉皮薄，就離開飯桌了；你要是脾氣衝，一定跟表叔吵一架，對吧？你那麼不高興了，他居然都沒發現，或者他發現了，但他全不在意。

像表叔這樣的人，問題在哪裡？說白了，就是情緒感知的能力低下。這一能力，是解讀情緒和從當下環境中，最大化感性資訊獲取的重要基礎。人們主要依靠它來識別自身與他人的情緒，以調整和優化自己的情緒、表達與行為。

在戀愛中，如果缺乏這種能力，就會對追求對象或者戀愛中另一半的情緒不夠敏感，自己話說的不對、行為失當了，當事人甚至自己都沒意識到。

第二個，是運用情緒。它指的是運用情緒，促進自己與群體認知加工的能力。比如一個好的演講者或者喜劇演員，刻意藉由運用自己情緒，來帶領觀眾與聽眾共同進入一個較高水準的認知領域。

優秀的相聲演員，以及特別會哄女孩子開心的那些男生們，總能很好運用這種能力，藉由自己超越了平鋪直敘的情緒表達，給觀眾帶來幽默這種相對高級的認知產品。

而平穩一些的情緒表達，則是暖男們的武器，有的男性會不自覺透過情緒運用，營造出充滿治癒感的溫暖氣場。這種能力決定了情緒可以作為影響認知的一個因素，融入關係之中。

你是不是一個特別不會「哄女孩子」的人？或者妳是不是一個總是關懷男朋友的好女友，卻遭遇對方說「我現在想一個人待一會」？說白了，就是因為缺乏這種能力。

第三個，注意，我們已經來到了情商中高級能力的範疇，就是培養自己的情緒理解能力，它指的是你能不能理解對方當下複雜情緒的組成成分和強度水準。

成年人不像孩子，他們的情緒往往非常複雜，有的時候因為情緒太複雜，還會導致行為上的糾結。

比如「吃醋」這種情緒，它裡面有悲傷、焦慮、憤怒和仇恨等多種負面情緒，但如果你面對吃醋了的戀人，只能意識到「哎呀，她不高興了」。那就說明你在情緒理解上，還需要多多鍛鍊。

這個能力不僅包括理解情緒具體含義的水準高低，還涉及怎麼領會一種情緒對另一種情緒的誘發關係。比如女友找你去自習，你在玩手機遊戲《王者榮耀》，心不在焉的草率回覆：「這把贏了就去！」

女朋友一開始其實並不生氣，覺得男孩子玩遊戲也正常，等十分鐘唄。但不幸的是，你這把輸了，在求勝心切的驅使下，你也沒報備，就直接又開了一盤。等你這盤終於贏了，你興高采烈去找女友時，卻發現對方生氣了。

而且，你這盤玩得越高興，人家姑娘就越生氣。你可能完全不明就裡：「不就是玩把遊戲嗎？妳有必要生氣嗎？」對方則沒好氣的回答：「必要！就必要就必要！」你表示無法理解，只能嘆氣「女孩子好難懂」。

其實不是人家難懂，就跟解數學題一樣，你要是只會十以內的加減法，二元一次方程式你當然覺得難，但如果你的能力達到了微積分的水準，你肯定覺得綜藝節目《跑男》裡面的明星，連二元一次方程都解不出來，太令人匪夷所思了。

有的人能夠體會到一個眼神中的複雜含義，而有的人卻對同樣的眼神抱只有一個極為簡單的解釋，這便是情緒理解能力差異的具體表現。

至於情商的最高級能力，就是這第四種了：情緒管理的能力。這種能力相對而言更為高級和複雜，指的是對或好或壞的情緒，都能夠抱有開放的心態，能夠監控與反思自身情緒，還能夠選擇保留或擺脫某種情緒狀態。

情緒管理強的人，可以選擇體驗還是壓抑某種具體情緒——想必「不以物喜，不以己悲」應該就是其表現之一了。日常生活中，可以依託這種能力豐富生活與加深情感，但是在親密關係中，更可以依靠這種能力來增強適應性。

比如，某一天，你因為買了新手機而非常高興，回到家裡見到了你的戀人，很不幸，對方恰恰因為剛丟了手機而懊惱。這時，如果不管理情緒而恣意發揮，在戀人面前炫耀展示自己的新手機，而沒有向對方致以任何關切與慰問，恐怕就是情商低下的典型表現了。

以上這些方法和能力，都會讓戀愛中你給對方那些「實打實的好」增色不少。就像一開頭我們那個段子講的，騎摩托車帶女孩子兜風，當然是很好的互動，但是你情商中四個能力的高低，可以讓這種互動起到的效果乘上一個係數。

把它想像成一個養成類的遊戲！騎摩托車兜風，會使女孩子對你的好感度加十，如果你情商特棒，不僅帶她兜風，還貼心的送了一個她肯定喜歡的可愛安全帽，那就有可能提升好感度，系統會判定你「金錢減三百，對方好感度加三十」。

但如果你說出了「寶貝摩托車」這種話呢？就有可能會被判一個數值為負的係數了，因為「你的話給對方造成了暴擊，好感度減十。本回合不能約會。」

按照上面的四個方面去挖掘能力，培養情商，一定是你最值得的投資。說句不好聽的話，今天你培養了這個能力，哪怕當下這次戀情最終還是告吹了，它對於你的下一段戀情，也是依然有好處的。這次戀愛沒談成，有可能不是因為你情商低，是因為對方情商低，對吧？你培養了更高的情商，按照我們之前所談到的親密關係的相似性原理，其實你也能找到情商更高的伴侶。

加拿大西安大略大學（University of Western Ontario）社會科學學院的心理學家約翰·梅爾（John Meyer）在二〇〇八年的一篇論文中，綜合了多個研究結果，發現人們在情商測驗中的得分，跟你與他人打交道的很多指標都有關聯。

這些指標包括兒童、成人的社交能力，當然，最重要的還有情侶關係品質和家庭關係品質。二〇一〇年，關於情商與親密關係的一篇論文中，則闡述了更重要的結論：對於過了青春期的情侶，關係滿意度會隨著雙方情商增高而提高。

但是具體的原因，難以透過現在的心理學研究方法加以查證，也許是因為情商高的人更願意與情商高的人組成伴侶，也有可能是情商高的人更擅長用自己的優勢來解決親密關係中的問題，並改善關係，以優化關係滿意度。

培養情商是個力氣活，需要長時間高強度的投入，你目前知道了大概的努力方向和需要堅守的四個基本面，但具體該怎麼做呢？

對急於培養自己情商的人，我給你一個接地氣的工具——但凡覺得氣場有點不對，到了對情商有考驗的時刻，請結合下面這個工具來解決問題。這個工具叫做「情緒腳本」，它可以幫你細化與分析當下的情景，幫助你更好的做出決策和行為選擇。

它由三個問題構成，分別是：

一、現在，我們正身處什麼場合？約會？朋友聚餐？看電影？

二、現在，我跟我的交流對象是什麼關係？普通的個體關係？潛在的戀愛對象？追求與被追求？戀人？

三、現在，我跟他有什麼情緒？我高興，他羞澀？我憤怒，他也憤怒？我開心，他卻因為我開的玩笑太過感到生氣和一點羞恥？

很多人之所以情商不高，就是因為行為總是來自於下意識的直接迸發——說白了，就是沒經過大腦。如果你強迫你自己的意識和認知，參與到行為與話語的調控過程，請相信，你那麼聰明，不會出什麼問題的。

我有一個嗜酒的朋友很苦惱，苦惱的卻不是他嗜酒的這個毛病。他是一個酒後愛說大話的人，以至於往往在酒桌上容易失態，說些不著邊際的誑語。每每他的妻子同他一起列席，就會非常看不過去這種情況，於是在桌子底下蹬他兩腳以作警示。

但已經喝高興了的他卻全然不顧，甚至還很沒腦子的冒出一句：「你踢我幹啥？」這句話一說，通常引來的，不是尷尬的瞬間冷場就是爆發哄堂大笑，也把他老婆窘迫的臉通紅。回了家，自然少不了一頓互相的埋怨。

在這件事中，他愛說大話是個人情緒特質的展現。而他的妻子蹬他，卻是考慮到環境狀態與自己身分後，下意識選擇的舉動。至於他那句說了就後悔的話，則是在酒後對場合理解與評估不足說出來的話。

這兩人情商都不夠高，說白了，還是因為沒讓行為過腦子，缺少像「情緒腳本」這樣的工具，對情商進行有意識的管理。

關於情商，今天就聊到這。總結一下：情商不是一個非黑即白的簡單概念，而是由情緒感知能力、情緒運用能力、情緒理解能力和情緒管理的能力四個能力構成，而且這四個能力是有順序的，一個比一個高級。

同時，你要是想立竿見影的提升自己情商，還有個工具可以用，就是「情緒腳本」，它由三個具體問題構成：什麼場合？什麼關係？有什麼情緒？藉由這三個問題的自問自答，你就能選擇最合適的當下表達。

總之，這是個慢工出細活的事，你在培養情商時，可以多看幾本相關的書，比如《社會性動物》（*The Social Animal*）、《雄性衰落》（*Man*〔*Dis*〕*connected*）、《親密行為》（*Intimate Behavior*）等，這些書有個共同特點，它們都不直接講情商，但是一定能讓你對情商這個東西有新的認知。

在我看來，這比市面上的那些常見的「情商書」有價值多了。

04 親密關係的最難課題，磨合管理

該怎麼處理與戀愛對象的矛盾爭執？天底下，沒有完美愛人，我跟我老婆，兩個人加起來學了快三十年心理學了，在很多同行的眼裡，也都算得上是健康親密關係的典範，但也逃不過偶爾鬧矛盾和吵架。

我小學時，有一年下大雪，國文老師出了個作文題目：「這週回家，寫篇作文，就叫《雪》！」你肯定能想像，星期一大家來上學，交上來的作文，清一色都是誇讚雪的潔白無瑕、純潔無比、優雅知性。

唯獨我，把雪給臭罵了一頓。我還記得，文章裡有這麼一句話：「你把雪鏟起來，放暖氣上熱化了，你看看是髒水，還是乾淨水？」好在當年的老師還算開明，並沒因為我非主流的文章為難我。

人也跟雪差不多，我不是想說天底下沒好人啊，我想說的是，天底下沒有完美的人，誰多少都有壞毛病與臭脾氣，所以，一旦關係深了，交道多了，矛盾與爭執也就在所難免。

人的缺點只要不是十惡不赦的大問題，其實並不至於讓小小矛盾傷到了戀愛大計。哪怕是最極品的翡翠，如果放到高倍放大鏡、顯微鏡下，也照樣有裂痕、有紋路、有暈染，但是，還是得承認這翡翠是有價值的吧？

關於愛情雙方的矛盾與爭執，我今天想講三件事：第一是處理親密關係中爭執的原則；第二是你在親密關係中，一定要避免的交流陷阱；還有第三，就是簡單有效立竿見影的解決方案。

一**定要讓矛盾和爭執有價值，有價值的矛盾是讓愛情雙方越來越契合的保障，沒價值的矛盾只能是讓愛意耗竭的黑洞。**什麼是有價值的矛盾呢？我跟你分享一個我自己的故事。

去年十月初，我跟我老婆在湖北咸寧吵了一架，說實話，我們很少生彼此那麼大的氣。沒過幾天，我去上海辦事，順便拜訪了史秀雄，他是我非常好的朋友，同時也是中國華東地區很有名的心理諮詢師。

那時，說實話，我心裡面的氣其實還沒消，我跟他講，我覺得自己很失敗，心理學學了這麼多年，還跟老婆發這麼大火，這書，真是讀到狗肚子去了。他聽完後，跟我說的話，我今天也分享給你，這話實在是讓我對親密關係中的矛盾，有了全新認識。

他說：「我不覺得吵架是什麼壞事啊！吵架，是讓愛情中的對方快速知道你到底要什麼的高效方式。」果真是心理學界的知名海龜（海外歸國人員，取諧音），說的話就是有水準！你要知道，爭執給你帶來的體驗可能是糟糕的，但爭執給你們的愛情帶來的價值，完全有可能是積極的。

同時，我還自然而然的想到，評估這種積極價值的一個重要標準，就是你們在親密關係中，會不會因為同一個話題，頻繁的反覆爭執。

話說回來，我一回北京，就抓著我老婆開會。內容很簡單：「從談戀愛到這幾年，那些吵得特別厲害的架，主題到底是什麼？」緊接著，我們欣喜的發現，這幾年，我們大吵過八次，更開心的是，這八次的主題各不一樣。

這些主題有關於我剛結婚時衛生習慣不佳的，還有關於戀愛初期，她前男友來找她的事。不管怎麼說，這些不同的爭執主題說明什麼？說明我們在改變、在磨合，親密關係在進步啊。

所以，別擔心親密關係中有矛盾和爭執，只要衝突有價值，愛情中的攜手共進就依然有可能。怕只怕，你們永遠都為同一件事生氣——她永遠不顧忌你的收入，包包哪個貴就要買哪個；他呢，也永遠不聽妳的感受，出門踢球回來，襪子跟妳的內褲扔到洗衣機裡一塊洗，這才叫問題。

至今我都特別感謝史秀雄，他讓我以更科學的視角，看待我自己的愛情。

接下來就要談談在親密關係中，容易讓你捲入矛盾的五種錯誤溝通方式。這些溝通方式，已經被很多研究證實，是導致愛情凋零的重要原因。

社會心理學家約翰・古特曼（John Gottaman）是全世界親密關係研究領域最權威的專家之一，他在跨越二十年的一個長期研究中發現，錯誤的溝通方式會導致低效社交，而這些低效社交能夠有效預測初次約會會不會失敗、情侶會不會分手以及夫妻會不會離婚。

在長期觀察兩百多對情侶後，古特曼總結出了五種應該在任何時候都避免的交流習慣，它們會直接影響親密關係的走向，以至於古特曼本人都把它們稱為戀情的「毀滅信使」（Horsemen of the Apocalypse）。

第一個毀滅信使是直接的蔑視。翻白眼的人，在我看來從來都不太可愛，蔑視的言行包含了一個潛臺詞，就是把對方放在一個比自己更低的地位，或者認為對方的言行不可理喻。

「你現在收入這麼低，租房對你而言恐怕是個挺大的負擔吧。」類似的話對親密關係充滿了殺傷力。

第二個是蹩腳的譏諷。蔑視確實不禮貌，但是蔑視的內容畢竟有可能客觀存在——你蔑視對方個子低，而對方真有可能個子不夠高嘛，縱然有傷害，其實你也沒說瞎話。

而譏諷的討厭之處在於，它是一種刻意的、對他人特質的錯誤評價與錯誤衍生。「你走開你走開，你要是不會你就別搶著做，你想顯擺什麼？」譏諷在嘲笑了他人行為的同時，也否認了他人的價值，它曲解了當下的社交情景，讓交流變了味道，自然難以對溝通產生積極影響。

第三個是無端的戒心。不僅是在言語中充滿攻擊性的尖酸刻薄者，才讓人感到不快，把所有外界資訊都當作是對自身攻擊的人，同樣也不容易讓人喜歡。這樣的人把身邊大多數人都當作假想敵，他們往往會預先假設他人對自己有所圖謀，而別人的一言一行在他看來，都恰恰證明了這一點。

「你們看，我就知道你早就對我有意見了，怎麼樣，藏不住了吧。」這樣的話經常會把交流帶進無中生有的矛盾之中，給社交環境預先貼上了矛盾的標籤。有的人在親密關係裡，有什麼不滿意，既不表達也不溝通，就帶著一種「請開始你的表演」的態度，等著對方掉坑。一旦對方掉坑了，立刻跳出來，用「不聽老人言，吃虧在眼前」的態度高喊：「我跟你說過吧，我早就知道！」

第四個毀滅信使叫消極的沉默。小孩子嘔氣不說話，會氣鼓鼓的坐在一旁撇著嘴，這種情形我們都見過。把這種交流方式轉移到成人身上，你就知道什麼是消極的沉默了。

這種負能量的表現往往是因為對方說了他不愛聽的話，他不選擇反駁或者辯解，卻只選擇包含了七分怒火和三分委屈的沉默。誰都可以看得出他不高興，可他本人就是倔強的坐在那裡，誰也不搭理，拒絕任何交流，成為社交場上一塊又臭又硬、但也讓人無法忽視的石頭。

最後一個是沒來由的挑釁，挑釁是對他人客觀能力、正當權益或實際地位的挑戰。約會遲到了，對方有點不滿意，不僅不解釋，還要火上加油：「多等一分鐘能把你怎麼樣？你以為你是誰？」像這樣的語言，蘊含著非常明顯的敵意。良好的溝通總是有著一個正向的氣場，而這種火藥味十足的話語，明顯與高效社交的氣場格格不入。

以上五種是在社交活動中最容易出現，並且影響大家彼此感受的交流方式。你會不會有意無意之中，帶有這樣的表達風格？那就一定要約束自己。這些表達方式你用得越多，對方就被你推得越遠。

那我們該怎麼辦呢？除了自我約束之外，還有幾個方法，可以幫助你避免掉進矛盾的漩渦。

首先，就是時刻給交流本身足夠的優先順序。與其他事情相比，交流在絕大多數情況下，都應該更優先，「不聽不聽！」「不談不談！」「我沒空！」這都是對親密關係很有殺傷力的話。今天不拿出時間好好溝通，明天一定要花更多時間狠狠吵架。

無論是哪一方提出溝通的需求，另一方都有必要盡己所能，盡快進入溝通的狀態中，傾聽和探討親密關係中另一方的需求。有很多人認為這是一件自己已經做得很好的事情，但是事實上我們多數人在這一點上，仍有很大的改善空間。

其次，未必要肯定對方的觀點，但一定要認可對方觀點存在合理性。在溝通的過程中總是難免會有分歧，比方說女性想要逛街，而男性更喜歡吹著空調、喝著啤酒看足球比賽。

你可以不陪著對方逛街或者看球賽，雖然這樣做更有利於感情發展，但你也不能藉此認為逛街就是瞎花錢，或者認為看球賽就是浪費時間。你可以對對方的觀點持保留意見，但是你不能僅因為他人與你的意見不一，就否認他。

共情能力優秀的夫妻婚姻滿意度更高，而共情能力高的典型表現，就是善於

站在他人的角度看待問題，進而理解他人的想法。

再次，積極分享自身的個人能力。心理學家柯德克（Lawrence Kurdek）的研究證明，不願分享自身能力的人，更容易陷入離婚的困境。這其實很好理解，你投身到嚴肅的親密關係中，但你不賺錢、不做家務、不帶孩子、不浪漫、自身也並沒什麼獨特的吸引力，這很容易引起伴侶的不快。

剛交往的情侶也一樣，情感投資多少都是需要回報的，如果一方在不斷付出時間、體力、精力，甚至名聲和其他更重要的資源，同時又不能得到任何有價值的回報，維繫這段愛情自然就變得很困難。

最後，**就算彼此間已經很熟了，也仍然要用積極的詞彙提出要求。因為就算已經成為戀人，人們也更喜歡良好的態度，熟絡本身不應當成為不禮貌、不客氣的原因。**

我們常說相敬如賓，並不是虛偽做作，更多的還是要強調與人為善。恰恰因為對方是你生命中很重要的個體，所以才更應當以禮相待，笑臉相迎。那什麼是積極詞彙呢？最典型的積極詞彙，其實讀幼兒園時就教過了——「謝謝，請，對不起，沒關係。」

總之，在「培養感情」的過程中體驗到了矛盾，這很正常，你別緊張，但也別掉以輕心。總之，你有一個原則、五個陷阱和四個方法。

原則就是要讓矛盾有價值。要提防的交流方式叫做愛情的毀滅信使，其中包括：蔑視、譏諷、戒心、沉默和挑釁。要選擇的解決方案分別是：給交流足夠的優先順序，要認可對方不同於自己的觀點的合理性，要積極分享自身的個人能力，以及用積極的詞彙提要求。

每個人生氣的時候，都有不同的解決方案。有的人愛砸東西，有的人愛生悶氣——在親密關係中，戀人在表達不滿時，什麼樣的舉動最讓你覺得棘手呢？

05 心理學家怎麼處理夫妻衝突？先吃糖再吵架

上一節，我們探討了磨合的問題。這節，我們要探討如果沒磨合好，爭執了吵架了，怎樣才能不傷感情？

有一個很奇怪的現象：你和一個人越熟悉，傷起他來越不假思索，倒是對素不相識的路人，起了衝突，卻更容易產生符合社會期許的表現，特禮貌。

比如在地鐵上，你踩了別人的腳，趕緊說「對不起」；有一次，我在地鐵上被別人踩了腳，對方還沒說話，我就先說了「對不起」，這麼說也沒錯，我擋到人家了嘛。

可是人們很少對戀人說「對不起」、「沒關係」和「謝謝」。這三個詞是最重要的社交用語，被不同的老師用不同的方法教過上千遍，為什麼我們卻很少對最親近的人說出口？

越是對不認識的人，我們越客氣，越是對喜歡的人，反而變得一點都不客氣。兩個人話趕話，說著說著就吵了起來，然後就是互相傷害，關係急轉直下。為什麼互有好感的雙方、正式的戀人，還要這麼扭捏作態呢？

難道是為了考驗愛情？千萬別輕易考驗愛情。如果你還沒脫單，你們脆弱的關係壓根就經不住考驗。哪怕真吵起來了，也請注意別讓憤怒或委屈沖昏了頭腦，要理智表達，不要刻薄相待。

很多人會給自己找個臺階下：「我也沒想傷害對方啊！都是無意的，呵呵！」相反的是，在親密關係中，絕大多數的傷害都是有意的，是被矛盾激發出來的刻意行為。

有些男孩子喜歡逗弄女朋友，說「你長那麼醜除了我沒人要你」，一旦女朋友生氣了，又說「妳看妳這個人真開不起玩笑」。有些女孩子也總是激將男朋友，說「你怎麼這麼沒出息，就知道天天打遊戲」，當男朋友沉迷工作，又說

「從來都沒時間陪我，只有時間陪工作陪老闆」！

這樣處理矛盾，很容易讓交流被憤怒淹沒。一旦理智讓位於怒火，無論你的文化水準有多高，平時多有修養多有素質，也不能指望高效平靜的解決問題了。就像你點了個外送，商家怕外送員把你的湯撒了，在包裝袋上打了個死結。

很多「看重效率的人」不愛在小事上浪費時間，就會拿把剪刀把袋子捅爛了，再吃飯。包裝袋不值錢，感情可是值錢的，兩個人好不容易經營起一段關係，有了個不好打開的結，原本可以平靜討論解決的問題，卻大打出手魚死網破。苦心經營一朵愛情花，剛有個花骨朵兒，這下直接連根拔了，不值得。

處理矛盾的核心只有一個重點：即便面對矛盾，我們依然要好好說話。為了更完善的應對親密關係中的矛盾，下面這些知識，是你的必修課。

首先，對於親密關係來說，矛盾是正常且不可避免的；但應對矛盾的方法，總有選擇餘地，並不存在「被逼到絕境」後的大爆發。兩人話說不攏，日子過不到一塊，大不了分行李，還能怎樣？

人是目標導向的生物。我們談戀愛、結婚、生孩子，都在追求某些目標，來投資生活。兩個人一旦成為情侶，便不能無視生命交集的衝突。衝突表現的形式縱然多種多樣，究其原因，也就是一個人的目標干擾到了另一個人的目標。

除非目標無交集，否則衝突無法避免。如果兩個人已經相當依賴，目標依然背道而馳，那衝突肯定越來越激烈；其次，你心裡要有個底，不快樂的情侶和夫婦，到底做錯了什麼？有什麼前車之鑑？

我們之前提過的古特曼教授，也對這個話題感興趣。他安排情侶們面對面坐著，並在腦袋旁邊放了一個攝影機，有點類似於固定在安全帽上的GoPro，能全程拍攝對面的人。研究者們原以為，鏡頭會影響研究效果，可情侶們一旦坐下來，就對攝影機視若無物。

古德曼分析了情侶們使用的文字和語氣、非言語的表情和體態，總結討論的結果或結論。他發現當情侶出現不同意見時，**讓關係急轉直下的一些表達方式**。

第一個，叫「地漏問題」。有一些具體問題，總能成為某對情侶所有矛盾的原因。不管他倆吵啥，總能兜轉到這個具體問題上。比如「都是因為他懶」或者「都是因為她亂花錢」。可實際情況呢，遠遠比「地漏問題」複雜。

第二個，就是試圖總結對方。比如：「你是不是這個意思？」這話聽著像是在總結，實際充滿了自以為是的曲解，只是控制欲的另一種表現。

第三個，叫預先歸因。對方話還沒說完呢，就提前打斷話頭，扣個大帽子：「你說這個話的意思，就是嫌棄我愛花錢！對不對，對不對？」

第四個，叫封閉型問題。類似這樣的話：「當時你到底有沒有打電話給我？啊？你到底有沒有打？你別說別的，你就說，你有沒有打！」這種話本身只有強烈的指摘，完全缺乏討論的基礎。

第五個，把問題轉變成了潑婦罵街。這很常見，「你這個人是不是有病？」就是潑婦罵街的典型。

第六個，不斷翻舊帳，把一個問題變成一堆問題。「你說你媽，這次這事我們就不說了，上次呢？上次怎樣怎樣！上上次呢？」

第七個，也就是最後一個，**說教**。「你閉嘴，你聽我說，你什麼都不懂！」伴侶的地位本應當是平等的，偏偏有一方處處強勢，指導一切。以上七種話，別說。這樣即便你們吵起來，愛情也還有救。親密關係中的溝通問題，應當重新學習好好說話。

最後，我現身說法，告訴你個小妙招。我跟我老婆如果憋不住火，馬上要吵架了，就會每人吃顆糖。別吃口香糖，也別吃清新口氣的薄荷糖，更別吃高貴的黑巧克力，就吃那種你小時候愛吃的糖。

原因有三：第一個，吃糖這個事，占著嘴還耗時間。我從小窮到大，吃糖可是不敢馬上嚼碎的，都要一點點含化了才算完，我老婆也一樣。這樣一來，起碼有五分鐘都不能張嘴。在此期間，我們能冷靜冷靜，沉著思考一下。有時候發脾氣這事，一旦按下了暫停鍵，再發火就沒那麼容易了。

第二，糖分可以快速進入大腦，幫助人提振情緒。你吃麥當勞甜筒覺得特開心，就是因為甜。攝入大量糖分，會啟動大腦裡掌管快樂情緒的區域，憤怒與其他負面情緒，就可以得到一定程度的抑制。

你看很多節食減肥的女生，只吃蔬菜沙拉加油醋醬，連點澱粉都沒有，連著吃幾天，看見誰都翻白眼，為什麼心情不好？就是因為餓！

第三，大腦在梳理問題、好好討論還是吵架時，都很需要消耗能量。吃顆糖，能讓你的大腦在壓力情景下轉得更快。

這糖一吃，按照我的經驗，八成這架也就吵不起來了。就算吵起來了，它給你提供的能量，也可以幫助你更好的發揮，懟出風格，罵出水準。當然，最後這句是玩笑話。身為成年人，任何時候都不能失控，這是基本底線。

關於矛盾處理，你需要知道一個總原則，一種對矛盾的正確認識，七種絕對不能說的話，和一個小技巧。

原則是：就算面對矛盾，我們依然應當好好說話；認識是：矛盾具有兩個特性——不可避免性和中立性；七種禁忌話語是：地漏問題、試圖總結、預先歸因、封閉性問題、罵大街、翻舊帳、說教。一個簡單小技巧：憋不住火，先吃糖。兩人接觸面積大了，摩擦力大了也正常，只要能夠處理好，相信情比金堅，也不在乎這點小打小鬧。

06 輿論期待與隨之而來的逼迫

在脫單的過程中，總有一些人會對我們的感情生活議論紛紛。這些人有的跟我們密切相關。比如，爸媽；有的跟我們關係一般，比如，普通朋友、同事；有的就沒啥關係，比如，一幫吃瓜群眾。

但他們人人都長了一張我們管不住的嘴，那麼，面對這些輿論壓力，我們該怎麼辦呢？在這節前半部分，我會跟你聊聊，有哪些輿論壓力，以及這些壓力到底是怎麼來的，後半部分我會分享一些應對輿論壓力的具體建議。

歌手梁靜茹有首〈勇氣〉唱得好：「愛真的需要勇氣，來面對流言蜚語。」愛就愛，要勇氣做啥？人家來個自問自答——面對流言蜚語。你知道，人是社交性的動物，中國又有著歷史悠久的面子文化，而談感情又是人們茶餘飯後最重要的八卦話題，這就導致你的戀情，逃不過人們的視線，逃不過人們的討論，甚至逃不過添油加醋和無中生有的流言。

為了應對流言，很多戀人選擇了地下情這種方式，說實話，我認為這種選擇並不是最優選，但本書是要講脫單，聊地下情為時過早了，先說說在脫單過程中你可能面對的輿論壓力。

對於需要擺脫單身的你來說，最強大的外界輿論壓力之一，恐怕就是逼婚了吧。逼婚所代表的輿論壓力，是一種「輿論期待壓力」，大家都希望你怎樣怎樣，而且還打著「為了你好」的旗號而來，這種輿論期待，總是會讓當事人喘不過氣，同時當事人還說不出什麼來。

有時候，我覺得特別諷刺，**「沒對象」幾乎是每個人在感情生活中都會遇到的狀態，但我們常被父母、閨蜜、好兄弟，以及帶著各種理由來關愛我們的人，當作是「不正常的」。**

沒有戀人這件事彷彿是疾病一般的存在，好像不治不行。所以呢，當事人自己都未必把這件事太放在心上，但很多外人，已經無時無刻不在把它掛在嘴邊了，眾口鑠金，積毀銷骨啊！

以前我不愛理髮，每次我自己還覺得頭髮長度尚可，我媽就已經開始成天絮叨，催我找一個理髮店，趕緊拿推子推個中規中矩的平頭。

有次我出差後回家，從機場搭計程車時，已經將近晚上十一點了，坐在後排，瞟了一眼後視鏡才驚覺，我的頭髮已經亂的跟雞窩一樣。為了避免回家後又被我媽數落，我只好臨時在市區裡找了一家離家不遠的理髮店，帶著滿嘴飛機餐的味道，坐到了一個頭髮比我還亂的陌生理髮師身前。

這理髮師手藝是真的爛，把我的髮理的跟狗啃的一樣，收的價錢還死貴。回到家，雖然沒被數落，但我媽也表達了對這個難看髮型的反感。關鍵是她反感了幾分鐘，這噁心勁也就過去了，我卻帶著這個醜腦袋上了好幾天班。

我為什麼要說這件事呢？很多人在脫單時，承擔不住輿論壓力的結果，就跟我這次理髮的經歷差不多。「三天不見理頭功」，髮型醜是小事，可你要是找了個戀人還不是省油的燈？那你可有苦頭吃了！

很多人在沒對象這件事上，承擔了太多的輿論壓力與社會期許，周邊有太多的人，慫恿與勸解著在他們眼裡病入膏肓的愛情病號。可惜單身並不是病，比起醫治，單身貴族更需要練習和緣分。

反而是那些被逼急了，真拿自己當病患的人，病急亂投醫，在沒有充分準備的情況下投入了一段感情，那他就很容易運氣不佳扭傷了腳。

「逼迫」對單身人士而言，其實是一個社會壓力。應對輿論期待的壓力古已有之，社會學與人類學的不少研究中都發現，在從古至今的眾多文化中，存在著從絕對主動到絕對被動的諸多婚戀模式。

之所以不叫戀愛模式，是因為在一些極端情況下，男女雙方第一次見面的場合，就已經是婚禮了。在許多婚戀模式裡，愛情其實都不是兩個人的事，外界的指手畫腳甚至直接干預，一直都存在。

被動的婚戀模式在東亞與中東一度盛行。比如指腹為婚這種曾在中國歷史上客觀存在過的現象。再比如部分中東國家僅僅依靠彩禮的多寡，來決定把女兒嫁給誰的傳統，這都算得上是極端被動的婚戀模式。

而主動的婚戀模式則更像是逛超市，戀愛雙方在一系列討價還價甚至試用過後，如果依然能夠接受彼此，便開心快樂去尋求婚姻的祝福。婚戀模式的主動抑或被動，並不存在孰優孰劣的問題。必須坦率承認，在不同的社會環境與時代背景下，它們都一定程度上滿足了特定環境中，人們對婚戀的訴求。

問題是，我們著實很難界定，社會影響的取向到底是哪一邊。它貌似是強調自由的主動婚戀模式，強調人們在戀愛中的主動參與和積極溝通。但在很多時候，它又難以脫離外界的介入。

沒談戀愛時，爸媽催著談戀愛，一旦自己談了戀愛，卻又有人跳出來說些不著邊際的片面話。自己沒有談戀愛心情時，有熱心人前赴後繼，替你介紹一個同樣對談戀愛沒心情的人認識，而你跟這人之間，除了都單身以外，很可能沒什麼別的共同點了。

這種矛盾歸結下來變成了一個詞——逼迫。求脫單的人，時時刻刻都在遭受著各種各樣的無形逼迫，於是很容易在以愛為名的精神壓迫中擺爛到底。很多時候，這種對新關係的投入，更有「縱身一躍」的意味。

說了這麼多，我其實就想告訴你，逼婚這件事，來自大環境的影響已經很難改變了，不要試圖說服你的父母別著急了、別擔心了。如果你的父母本身就不是那種隨你便的開明家長，你即使可以做到曉之以理動之以情，也撼動不了人家的價值觀，有說服他們的功夫，你早就找個好對象了。

那麼，我們該怎麼辦呢？應對輿論期待這種壓力，我有一個總體原則：你需要在跳進人海找對象時，給自己多一點警醒，畢竟別人說得熱鬧，但沒人能替你談這場戀愛。

總之，嘴長在別人臉上，你想管也管不住。如果帶著「防民之口，甚於防川」的態度，來做自己親密關係相關的輿論管理，那基本上就不可能有什麼效果。要想「走自己的路，隨便別人去說吧」。

各位最需要做的，還是要集中精力在選擇伴侶、營造關係的具體工作中。誠然，很多人是帶著標準與底線去擇偶的。比如身高一百八十，碩士文憑以上，又比如膚白貌美氣質佳，再比如陽剛的同時要紳士，幽默的同時講話有深度等。

這些特點太個性化，而且烙印在個人對他人的評價參考點之中，想忘都忘不掉。我所希望各位警醒的，是面對輿論和八卦，最重要的心理素質是什麼？是定力，是隨便你的什麼都不在乎，是屹立不搖的堅定感。他們說他們的，你要堅持你堅持的。槓上、嗆回去等，意義其實都不大，除了讓你爽一下之外，並不能給你帶來真正的改變。

真正的解決方案，是哪怕別人或真或假的狠狠催著，你也要好好找一個合適的戀人，這是堵住他們嘴的最好方法。還有幾條，就是你拋開自己那些個性化需求之外，最要堅持的。

首先，你要明白尋找戀愛對象其實是尋求一種可能性，一種進入一段長期穩定的親密關係的可能性，然而可能不等於必然。約會是為了談戀愛，談戀愛是為了結婚或者維繫一段美好戀情。但是這並不意味著，只要約會了，關係就一定要深入發展下去。

在氣場明顯不合的情況下，很多約會其實可以在喝一杯咖啡的時間內就結束，在這一點上別有什麼不好意思的小顧慮，大家時間都很寶貴，不要浪費彼此的青春。

世上存在不少對愛情永遠說「不」的人，但這並不意味著敢對每一個異性都笑臉相迎的說「YES」，就是一件人生幸事。約會是向戀情邁出的重要一步，但這是非常強調試探性的一小步。在「明知山有虎」的情況下偏向虎山行的，那是喝多了的武松。

其次，約會和戀愛，理應是有趣的。有的時候，因為外界輿論的原因，約會有時候不僅不開心，還煩悶。一旦你感覺到對方給你帶來的壓力，超過了對方給你帶來的吸引力，那此時很可能就不能讓你享受愛情了。

美好的約會都伴隨著快樂的氛圍，情侶們結伴去看電影、吃大餐、參加派對，甚至就單純拿著一杯奶茶聊聊天，這些約會的內容，本身就是開心而有趣的。仔細想想，我們從沒見過有情侶約會一起去拔牙的，應該就是這個道理。

如果初次約會時一方遲到太久，那麼雙方深入交流的可能性會大大降低，因為遲到已經引發了其中起碼一個人的不快樂。同理，如果你發現自己其實沒那麼喜歡跟對方共處，就算有著七姑、八姨擔保說你跟對方真合適，你也要保持清醒，而非被輿論綁架。

再者，好的戀情，一定不會讓你感覺更孤獨。除了有趣之外，戀情也應該讓你覺得有依靠，有安全感，但外界輿論總會讓你沒法關照到這一點，以至於，你有的時候區分不出來，到底你的焦慮是來自你媽，還是來自你的約會對象。

要知道，戀愛並不總能讓人感到充實，但起碼不應該讓人覺得更孤獨。我有一位朋友，他某次被逼著去談了個戀愛後，突然與我們這些老友們聯繫不那麼頻繁了。

我們原以為是愛情的新鮮感讓他無暇他顧。後來，我們在他分手後回歸的飯局上得知，他那已經分手的前女友，當時根本就不讓他與其他人有密切來往。這種戀人的存在，反而讓他更感到孤獨。愛情強調專一是沒錯的，但是專一不等於完全的占有。我們尋找戀人是希望藉由他或者她，看到一個更廣闊與更美好的世界，而非讓眼界完全被一個人占據。

如果戀人讓你感覺他是你背上的蝸殼，而你自己是一隻步履沉重而內心孤獨的蝸牛，那你就有必要考慮拋棄這套枷鎖。

最後還有一點，你想不想跟對方結婚，這事很重要。要知道，在適當的時機，其實是有必要嚴肅的在戀情中，引入婚姻這一話題，因為社會學家羅伊德（Loyd）的研究發現，戀愛雙方如果都抱持著以結婚為目的態度，投入這段感情，親密關係的眾多正向指標都會穩定的多。

如果以結婚作為戀愛的大方向，終歸還是利大於弊。但是，兩個人在「是否以結婚為戀愛目的」這件事上的貌合神離，那戀情就容易出問題。所以，如果你是奔著結婚去談戀愛的那個人，最好在一個恰當的時間，確定你的戀人跟你有著同樣的訴求，反過來也一樣。

可惜，有的時候輿論逼得太緊，會讓你不得不被動的開始考慮談婚論嫁，但此時，你還是有必要拍著胸口問問自己：「你到底想不想跟對方組建家庭？」一旦結婚了，要知道，逼婚的人可不能替你在家裡過日子。

也許從父母到七姑、八姨，都在逼你脫離單身，但是無論如何，你也不應當勉強自己與一個不合適的人在一起。

上述四點，能夠讓你在這個著急上火的逼迫情境中，保持一套有科學根據的擇偶標準，不至於讓建立親密關係的初期約會，造成雙方都不可挽回的影響。最最重要的是，它能夠幫助你確定一個自己能夠接受的親密關係，而非一段病急亂投醫的湊合感情。

不管怎樣，你要明白輿論期待與隨之而來的逼迫，是今天很多人所面對的親密關係壓力——這對象還沒談穩，壓力就已經排山倒海般襲來了。很多人容易被這種輿論壓力弄得慌了神，結果，外面逼你的那些人嘴炮打爽了，你卻自己找了個不適合自己的人，過上了苦悶的日子。

在面對這種輿論壓力時，一定要保持一個最基本的原則：堅守自己的底線不動搖，也就是保持定力。

而基本的底線包括四條：第一，談戀愛不一定就非得結婚；第二，談戀愛應該能讓你享受其中；第三，好的戀情一定不會讓你萌生更多孤獨；第四，你以及對方到底有沒有打算結婚，這一點很重要。

07 吃醋、糾結、恐慌，都出自童年依戀情結

問你一個問題：「兩個人要是戀愛了，有沒有看對方手機的權利？」這包括知道對方的螢幕鎖定密碼、能夠過目對方社交網路上的動態與私訊，甚至包括看對方微信和其他即時通訊軟體的資訊。

有的人會認為，當然有這樣的權力；有的人會認為，這是侵犯隱私：「人家跟你交往，又不是賣給你當奴隸，幹啥呢？」

我無意討論這個問題的標準答案。可是我希望，你從兩極化的回答中看出來，之所以看不看手機成了一個問題，很大程度上是追求安全感導致的。

安全感危機很容易在這些狀況下被點燃：出現情敵、心儀對象的態度轉變、

異地戀的風險，甚至「我這段時間先準備考公務員，我們關係恐怕要稍微放慢節奏」，都能引爆它。

還有很多的安全感危機，來自於「吃飽太閒」或者「自己讓自己心情煩躁、鬱鬱寡歡」：我買給他的那件襯衫他最近沒有穿啊——其實是天氣熱了，已經無法穿長袖了；她最近回我微信回得好慢啊——其實是考試季了，人家要花時間複習；她最近跟她那個同事好像走得有點近啊——其實人家是同個專案小組的，甲方催得緊，能不一起加班嗎？

長期以來，人們一直認為安全感的核心問題是「給的夠不夠多」，如果一個人沒有得到足夠的安全感，就會藉由種種手段去彌足心理上的缺憾。女人們因為缺乏安全感，才對男人們的錢包和手機看得嚴；男人們因為缺乏安全感，才對女人們的異性社交疑神疑鬼。

競爭產生了，要是沒處理好，愛情就涼了。但是，你要糾正原來的誤區，因為哪怕提供充足的安全感，也不能解決每一個因為缺乏安全感而發生的問題。

我接觸過一對因為親密關係問題而求助的夫婦。在我看來，丈夫已經提供了足夠的安全感。妻子要管理銀行卡，他交了出來；妻子要天天查訊息和通話紀錄，他交了出來；妻子要他提供微信密碼和登錄驗證碼，不時進行檢查，他交了出來；妻子要他說明每天花錢的具體去向，他只要偶爾記不清說不明，就是一頓吵鬧。這時候，他覺得這不單單是他的問題了。

每個人對安全感的需求是不一樣的。有的人自信些、放鬆些，對安全感的要求沒有那麼具體與苛刻；而有的人想的多了一點，對情感的掌控與把握就更加在乎，當想法走到了極端，另一半就算把整個生命投入戀人對安全感的期待，也未必能滿足對方黑洞一般的需求。

持極端態度的人，其實在生活中並不少見。所以，安全感並不僅僅是「給的夠不夠多」的問題，更是「有沒有獅子大開口，逼著愛人以身伺虎」的問題。

面對親密關係中的競爭，我先把醜話說在前頭，先講一個壞消息：**你在親密關係中的安全感風格，不是你想改就能改的。你的吃醋、糾結、恐慌，甚至逃避長期關係，很大程度上來自於童年的經歷。**

這種童年經歷直接影響就是你的深度社交風格——依戀風格。你對安全感的需求，與你的依戀風格類型有直接相關。

在一項研究中，一批出生於一九七〇年代末期的嬰兒，孩提時期就接受了愛因斯沃斯陌生情景測試（Strange Situation），用來評估他們的依戀風格。心理學家們透過嬰兒們的表現，為他們分類。

二十年後，研究者們又找到了這些已經成為青年的孩子們，針對他們在愛情中的依戀類型，重新評估和定義。實驗表明，對安全感的需求與態度完全沒有改變的人，占到了實驗參與者總數的七二%。

研究還發現，影響你在愛情中有著怎樣安全感的元素，主要有三個，首先是你的基因；其次是最初提供安全感的人——通常是媽媽或爸爸，對你的需要能否及時充分的回饋；此外，還有環境因素——比如你在成長過程中，有沒有經歷重大變故，像是戰爭、饑荒、家庭暴力與父母離異。

這些影響都已經發生了，木已成舟，你也改不了什麼了。但是，你還可以評估一下自己屬於哪種安全感類型，然後找到最適合自己的解決方案。

安全型依戀的兒童，建立了對自我的肯定，也建立了對外部世界的信任。當他們長大後，別人投注的安全感，通常能高效的轉化，他們也對伴侶充滿信任。同時，他們也能夠維繫自我，隔離開戀情和亂七八糟不相關的東西。如果你既信任自己，又信任對方，那沒問題。

除了這種依戀類型，還有三種類別的依戀，就各有各的問題。

當一個人對外界評價積極，自我評價消極，時常很焦慮，就形成了關注型依戀風格，也就是經常看到的「取悅型戀人」。這種類型的戀人，似乎總有難以名狀的自卑與唯唯諾諾，而且做事小心翼翼。

他們最容易成為黏黏糖一樣的戀人，總想時刻和另一半黏在一起，他們時常缺乏安全感，但只要稍加關注，就能快速撫平內心的不安。對他們來說，「拒絕」是最大的傷害，因為那顛覆了外界資源的可靠形象。

有的親密關係中，雙方與其說是談戀愛，不如說是在帶孩子。巨嬰和媽寶一旦戀愛了，會做出很多荒唐可笑的行為，比如故意刺激戀人。說某個異性對自己非常感興趣，這麼做，並不想激怒對方，而是希望戀人著急，獲得安全感和對自己的積極評價。

可長此以往，另一半會徹底翻車，引發完全沒必要的矛盾。對於「取悅型戀人」，我的建議很簡單：「你先別試圖在愛情中尋找自信，你先要在生活中找到自己。」如果你帶著巨大的自我否定投身愛情，想不出問題都難。

另一種依戀恰恰相反，總是認為外界都是不可靠的，凡事都要依靠強大的自己，這種依戀類型，被稱為冷漠型依戀。「快！你們都來跪舔我！」這類人跟安全型依戀的表現從外面看非常類似，但是他們認為外界並不可靠，他人不願也不能幫上自己什麼。

他們並不會給予戀人太高評價，也不情願接受與認可他人的幫助，同時也很吝嗇向戀人提供安全感，他們認為安全感缺失，完全是懦弱的表現。與專注型的人相反，冷漠型的人往往喜歡說「不」，為了維繫自我認可，他們傾向於拒絕幫助，也傾向於拒絕被幫助，看輕親密接觸的積極影響，對自己的親密需求統統冷處理。

曾有一對夫妻，來找我聊他們的婚姻問題。不過情況比較特殊，老公是被老婆逼著來的。這當老公的，對婚姻沒什麼投入，同時，也不認為我能幫上啥忙。

一直到他們開車到樓下，丈夫依然試圖說服妻子：「我們的關係沒必要讓一個外人幫忙，我完全可以自己改善自己解決。」

在交流過程中，他並不認為我可以幫上什麼，就算我提供幫助，他也不會接受，他與夫人的問題，自己完全能夠搞定。事實上，他根本就不知道，恰恰是他這樣看待他人的傾向，製造了婚姻問題。

對於冷漠型戀人，我建議放棄自己萬能的執念。看過英國小說《魯賓遜漂流記》（*Robinson Crusoe*）吧？人家主角魯賓遜那麼厲害，還得有個忠實的僕人幫他做事呢。如果你總認為老子天下第一，「在座的各位都是垃圾」，那不僅僅是愛情，任何人際關係也很難相處融洽的。

不過這種問題並不是最嚴重、最棘手的。當一個小孩子對安全感的需求被無視，同時經歷了非常艱難困苦的環境，他很可能萌生對自身評價不高、對外界評價也很低的依戀狀態。

一旦這種狀態持續到成年，並主導戀情的走向，我們便將這種依戀類型稱為恐懼型依戀。這樣的人對社會和戀人都充滿了不信任，無法建立起長期的親密關係，跟誰都是曖昧兩天就拜拜了。

為了沖淡這種不信任，這種人往往會做一些極端的事，緩解內心的痛苦。他們很可能因為一點點瑣事，就陷入「我這麼愛你，你怎麼能這麼不愛我」的情感思維陷阱，又在對愛人的憤恨與對自己的不滿中不斷掙扎。

不過，「恐懼型依戀」在人群中並不普遍，絕大多數人屬於前面三種依戀類型中的一種。如果你不幸是「恐懼型依戀」，我非常建議你暫時先拋開親密關係，多投入於自我認知。必要時，還可以求助專業人士。

我必須承認，改變一個人的依戀風格和對安全感的需求水準，靠一本書一個章節遠遠不夠。但我想說，改進自我的重要前提，是了解自己的真實狀態。所以，我認為這節要傳達給你最直接的意義，就是明白自己到底屬於哪種戀人，對自己的信任程度如何，對外界的信任程度又如何。

唯有這樣，才能找到進步的方向。好了，這節聊到這裡。我們探討了每個人在親密關係中都可能面對的安全感危機，並提出這樣一個原則：「**安全感不看給的多不多，而要看戀愛雙方各自有著怎樣的依戀風格。**」

同時，依戀風格很難改變，與基因、原生家庭以及曾經的巨大創傷都有著關聯。依戀風格包括四種類型：安全型，這種沒毛病；關注型，這種人需要提高對自我的認同感；冷漠型，這種人需要提高對他人的認同感；還有最棘手的恐懼型，這種人的情況最棘手，處理好自己的心理短處後，再投身愛情比較合適。

08 異地戀怎麼維持？保持行為同步

前幾天，我在某間學校講課，課後，一個女生找到了我。她跟男友異地戀，確切的說，都不僅僅是異地戀了，而是異國戀，甚至是時差差了整整十二個小時的異國戀，用我當時的驚呼就是：「哦吼，完美錯過！」因為她跟男友上的都是非常好的大學，每天要用十五、六個小時來專注學習，更沒時間交流了。

這兩個人最常使用的交流方式是寫電子郵件，你來我往，長長短短的一天一封。甚至在假期，男友回國了，他們也不見面，一方面是男友的母親覺得自家兒子現在談戀愛有點太早了，另一方面是兩個人擔心在假期時玩得太開心，等開學後，分別更加痛苦，面對那時繼續進行的異地戀，更難適應。

「太難了。」我打從心裡這麼想。「我該不該繼續呢？」那女生問。也許對大多數的異地戀來說，情況都還不到如此嚴峻的地步，但是其中的酸楚與問題，恐怕是非常明確的。這些難處甚至在戀情正式確立之前就表現出來，成了愛情進一步發展的絆腳石。

異地戀最大的問題和挑戰，在於愛情的三個基本要素裡面，異地戀起碼缺了一條腿。我們之前提到過，**愛情的三個要素，分別是激情、親密和承諾**。

對投入異地戀的人來說，第一個面對的問題，就是難以達成親密感，鞭長莫及，想親密都親密不著。而這個問題緊接著就容易誘發激情上的困境，激情如火，總是需要點燃料，總是見不到面，那感情放著放著就涼透了。

一旦親密感和激情雙雙告急，就剩下一個承諾，往往也是獨木難支。雖然大部分的異地戀往往在起點時有著決心、毅力，甚至山盟海誓，但相當一部分還是走到了分手的終點。

那麼，面對異地戀的問題，我們有什麼可以做呢？我舉一個天底下最極端的異地戀例子，可以給我們一些啟示，這是一場超時空戀愛。

太空人斯科特・凱利（Scott Kelly）要在國際太空站出一年任務，國際太空站位於地球上空四百公里，而與他已經相戀五年的女友安見子・考德勒（Amiko Kauderer）居住在德克薩斯州，是美國國家航空暨太空總署（NASA）公共事務方面的職員。

值得廣大異地戀人們學習的第一個做法，是秀恩愛。

這一對異地戀非常喜歡秀恩愛，頻頻在他們的社交媒體上發照片。因為條件所限，他們沒辦法拍合影，但是他們總會想辦法向外界表達他們是「一對情侶」這個資訊。

女方在家裡放了一個男方的一比一等身彩色印刷的紙板，還動不動跟這個紙板男友互動，而男方則非常喜歡把兩個人各自的照片，拼成有點小心思、小劇情的一張照片發出來。

這種秀恩愛的方法，也許有的人覺得幼稚，有的人覺得太高調，但對異地戀來說，真的是有比無好。

有研究發現，對非異地戀的情侶來說，總秀恩愛，往往可能是一種情感不自信的表現，以至於真的會出現「秀恩愛，死得快」的情況。但是對異地戀的人來說恰恰相反，秀恩愛這時候可以起到非常重要的積極作用，不僅能夠提醒雙方彼此的存在和重要性，更能利用社交圈向外傳遞「我有戀人，我們很幸福」這樣的資訊，進而規避了一些潛在的風險。

第二個做法，是盡量維持行為的同步性。這種行為，可以是吃飯睡覺這樣的生活節律，也可以是同時學習一個科目或者看同一本書，甚至培養同一個愛好。

這對情侶在真正的相處過程中如何具體交流，礙於條件有限，我不得而知，但從他們分享的通訊紀錄、和一起發的照片來看，他們其實非常在意彼此行為的同一性。

如果沒有異地戀，情侶們的行為往往被高度綁定，一起吃飯、一起自習、一起去看電影，這提供了親密感的基礎。

而在異地的情況下，我們恰恰也需要營造和安排這種一致性、同一感。雖然不能在空間上一起吃飯，但是在同一時間一起吃飯，或者吃差不多的食物，這都是可行的。

不要以為這沒有用，實際上這非常能夠讓你感覺到戀人好像就在身邊。比如說這對太空人情侶，他們一起分享海景照。男方發了在太空站拍到的哥斯大黎加景色，而女方發了自己在海灘上做瑜伽的自拍。又比如一起分享美食照。為了慶祝來到太空站半年整，男方發了一個吃漢堡的自拍，女方則在地球上發了個吃披薩的自拍以做回應。再比如一起培養興趣。男方在太空站裡開始學習無重力下的雜耍活動，而女方開始學習攀岩。

這其實對於很多異地戀的情侶都有啟示：要知道，在太空站裡，太空員每週只能給他的戀人撥通一次時間有限的影像通話。那在這樣的情況下，**靠什麼來維持親密感呢？**

很大程度上，就要依託於兩個人有沒有行為上的同步性，有沒有一起做某件類似的事情。這樣的舉措會在很大程度上保護親密關係，對異地戀的人來說，尤為值得嘗試。

除此之外，我還想說，我們都知道異地戀充滿了挑戰和風險，我們為什麼不**換一種角度去看看呢？也許，這是對於你們親密關係的一次考試呢？也許，這**

是讓你們的親密關係超越原來的模式，走向更加成熟的契機。也許，異地戀的距離，會讓你更加全面認識你的戀人呢？也許，這是你們愛情的試金石？

我們不能因為異地戀的糟糕經歷，就否認它的價值；相反的，如果異地戀來勢洶洶避無可避，也許我們恰恰應該去找到它的價值，這樣才能給我們更多把愛情堅持到底的信心。

也許這正如NASA人類研究專案的副手——克雷格．康卓特（Craig Kundrot）博士，對於這對太空異地戀的評價：「這是一種難得的人生體驗。」

第 4 章

只差臨門一腳，表白的注意事項

01 從五種關係中，評估最適時機

本節，主要講的是確立戀人關係前，最重要的臨門一腳：表白。也會講到表白前的準備工作，下節，我會提供你告白用的小抄，也就是表白時的注意事項。

談告白之前呢，首先要探討一下，表白的意義和價值到底在哪裡，還有到底什麼樣的表白，才算是成功？我覺得，評估標準是在表白過後，你們對於關係的下一步發展，是否達成了共識。

某天我去上海某間學校講課，下了課，有個小女生追上我，跟我傾訴了她的苦惱，她說自己以前高中時，有個非常好的異性朋友。這兩人，以哥兒們相稱，後來大家都上大學，分別考進了上海兩所不同的大學。大一上半學期還沒結束，對方就突然跑過來跟自己告白了。這個女生，怕失去這個朋友，於是也就同意了。但這一同意不要緊，哥兒們相稱的日子可是一去不復返。

新男友在微信上跟她動不動就以「親愛的」來稱呼，因為男方覺得，都男女朋友了，這很正常嘛！而她卻覺得很噁心，很難受，很受不了。但縱然如此，這女生還是不敢跟對方說實話，只能在內心深深後悔之前答應的太衝動。

她不僅後悔，還格外痛苦，苦惱到底該怎麼辦？如果繼續交往，自己實在不舒服，如果實話實說，跟對方講「我之前同意你的表白是個錯誤，現在我想反悔了」，那恐怕會永遠失去這個朋友。

這麼一來，既失去了戀人，又少了個朋友，似乎不那麼妥當，所以該怎麼辦呢？我們暫時先不考慮這個具體的問題，因為這是她自己的事。

我希望借她這個事例，讓各位考慮的一個問題是：「跟她表白的這個男生，到底成功了嗎？」我估計，大家會分成兩派。一派會說，這表白難道還不叫成功嗎？人家都同意了！答應當你女朋友了，這肯定算成功啊！

還有一派會認為，這種告白根本是失敗，對方跟你之間壓根就沒有愛情的基礎，她還是當你為朋友，根本沒拿你當男朋友。那麼，你支持哪一派呢？

按照我們之前提到的原則，這當然是一次失敗的表白了，在表白過後，雙方其實並沒有對關係下一步的發展達成共識。真正的告白成功，不一定是你們雙方透過一個儀式，口頭答應從現在就開始做戀人。**真正的成功，應該是你們雙方對下一步發展有一致想法，我們要做戀人？還是繼續做朋友？還是再發展看看？這都叫共識，這才叫告白成功。**

但剛才我舉的那個例子，那次表白只能叫做貌似成功，實際上還是失敗的。確立了對於表白的正確認識後，我們的下一個議題，就是要考量，表白都有哪些可選形式，什麼樣的關係基礎會導致怎樣的表白。恰當的表白應該結合恰當的場景與恰當的情感基礎，讓你在辦公大樓裡，和對面公司的美女用山歌答對來談情說愛，你覺得成功率大嗎？

在我看來，表白有五個類別：

第一種，就是誘發激情的表白。這種表白方式，可以透過電影《鐵達尼號》（*Titanic*）裡的經典橋段看出。男主角傑克與女主角蘿絲，他們一個剛賭贏船票懷揣夢想，一個逃離了宴會嚮往著自由，他們在最情緒化的時刻相識，與其說是情感醞釀，不如說叫情感爆炸，想不表白都是難事。

從初次見面，到勇敢表白，未必需要長時間醞釀。強烈的情感體驗能夠提升一見鍾情的可能性，有效提高表白之前的心理能量儲備，至於一見鍾情的問題，請參考第二章。

激盪的情緒帶來了一見鍾情的感覺，降低了表白的門檻，如果雙方感覺都很亢奮，還將進一步提升表白的成功率，但是別高興得太早，這樣的表白極容易導致「同意過後立刻後悔」的情況出現。

有研究發現，在答應告白後的四十八小時內，有一個雙方後悔的高發期。很多時候，就是因為表白的場景包含了太多情緒因素和衝動決策，而人們一旦冷靜下來，就容易思前想後，覺得還是不答應比較好。

總之，如果你們雙方的情緒高度激發，表白可能並不需要太多的準備工作，你如果想表白的話，不必等太久。但是有一點要提防，對方當下答應了，明天卻打電話來說：「喂？昨晚我說的話，就當我沒說，行不行？」你說這可怎辦。

第二種，叫做青梅竹馬。有這樣一些情侶，在做戀人之前，先做了多年親人，甚至到了女孩是男孩的「兄弟」，男孩是女孩的「姐妹」這地步。男女每每於萬千人中，受了情傷，回頭一看，發現原來他／她才是真愛。長期的共同相處與共同經歷，自然而然的培養了告白的情感基礎。這個培養過程未必激越，但好在足夠漫長。

那麼，情侶分手的原因中，你覺得哪個排名第一？財務問題？缺少共處時間？還是很少一起休閒？都不是，「三觀不合」才是種子選手。如果要談戀愛的話，**跟八字合比起來，三觀合是個更重要的事。**

被發好人卡是同樣的道理，人家並不否認你是一個好人，人家只是認為你們缺乏共同點。而青梅竹馬的經歷，保證了三觀吻合，共同話題足夠多，生命的相似性也足夠強。

有朝一日，年少懵懂變成不知所以的衝動，歲月與回憶化身為力量，就這麼自然而然表露心意了。但是，這種表白也有風險，對於有的人來說，「愛人」其實並沒有那個「最好的朋友」來得重要。

你的表白如果成功了，對方的確是收穫了一個愛人，但對方也可能認為自己同時失去了一個最好的朋友，這對未來的關係發展不見得是個好事。要想在這種情況下好好表白，恐怕要讓對方有足夠的安全感，得出這樣的結論：**如果我們從朋友升級成戀人，我並沒有失去一個好朋友，而是收穫了一個更貼心的朋友。**

第三種表白比較特殊，就是情急之下的表白。如果你看過災難片《明天過後》（*The Day After Tomorrow*），你就能理解我想說的到底是什麼了。電影裡，男主對女主早就萌生愛意，一場突如其來的氣候災難卻成了表露心意的引線。

的確是這樣，促使表白發生的，未必都是好事。我有個朋友，某個專案結束前一週發生了重大變故，為了不得罪財大氣粗的甲方，他所在的專案團隊在公司吃住，沒日沒夜的拚了五天，終於在結案前交出了完美答卷。

在此期間，朋友與他的某個女同事建立了深厚的革命友誼，並在慶功宴上勇敢表白，表達了繼續深化這種友誼的美好願望。一起扛過槍，一起緊過張，一起興過奮，一起受過傷，才有可能發現什麼更值得珍惜與追求。

人們總是這樣，從緊繃的氛圍中鬆了口氣，就下意識的把手上的東西握更緊。這種表白建立在「共患難」的基礎上，但你也知道，很多人雖然能共苦，卻不能同甘，所以這種情況下告白雖然能打造「患難夫妻」，但還是有另一層風險——苟富貴，到底能不能勿相忘呢？

第四種，叫做感天動地的表白。這種告白，只單單讓對方知道是不行的，更要顯現出一種讓全世界都知道的磅礴氣勢。比如，大量的鮮花、蠟燭，以及高分貝的吶喊，都是這種表白的標準配備。

這麼做的人，看來很在乎表白的儀式性，認為感天動地的前提，應該是驚天動地。這看上去十拿九穩，真摯又帶點任性，但事實上，這卻是成功率比較低的表白方式。倘若水到渠成，便不用這般大動干戈。

很多繁瑣盛大的場景，一如夜路唱歌，只是為了給自己增增膽氣而已，至於被表白者，面臨圍觀者們山呼「答應他／她」時的心理感受，不足為外人道也。

這跟求婚不同，求婚有相當的文化基礎和成熟的感情基礎，而太過譁眾取寵的表白，最要提防的恐怕都不是「實動然拒」，而是如前兩年某個熱門影片中一樣：「女主角拎起求愛的吉他，一把砸了回去。」

最後，則是不求結果的表白。電影《愛是您，愛是我》（*Love Actually*）裡面，有一對就是這樣。這種表白目的，並不是為了試探對方到底答不答應你，而是要找個機會，把自我全盤托出。

對於很多深刻的愛來說，表白未必要索取一個具體的結果，重點是**依靠這種形式，讓潮水一般的愛得以表達。暗戀是沒有破土的種子，表白起碼讓暗戀開過了花。**

對真摯的愛情來說，不見天日是最差的結果。我目睹過一些表白，有的真心做作，讓人覺得表白者「愛的是表白，不是對方」，但對於不求結果的表白，最起碼「愛的是對方，不是表白」。

但這種表白的地位是不平等的，有一種喝酒時「我乾杯，你隨意」的感覺，所以，一些顯而易見的風險也會隨之而來。

總之，表白多種多樣，以上這樣的分類當然不能窮舉所有的可能性。表白有可能激情、平和、溫馨、殘酷，也有可能什麼都沒發生。

坦言心意過後，有人沉浸在甜蜜裡，也有人身陷於痛苦中。而我想說的是，你會發現，捅破窗戶紙的方法，沒有一種是完美的，而你需要做的，是結合你們的親密關係，控制好潛在的負面結果，做出最適合的選擇。

本節希望你能掌握兩點：到底什麼叫真正的表白，以及常見的五種表白場景分別是什麼，這裡面也包括，這些表白場景各有什麼樣的利弊。評估表白成功與否的標準只有一個：你們雙方對於關係的下一步發展，到底有沒有達成共識。

常見的五種表白類型包括：激情誘發、青梅竹馬、情急之下、感天動地，以及不求結果。這些表白形式沒有一個是完美的，而拿捏好準頭，做好自己的表白選擇，是需要你自己，也只有你自己可以深入思考的事情了。

關於告白，這節只是開個頭，下節會更加偏向於技術與實踐層面。如何搭建一個成功率高的表白場景？成功的表白具有哪些需要提前做好的準備工作？下一節都會談到。

你有沒有經歷過胎死腹中的表白？原本都已經要鼓起勇氣說出那句話，但關鍵時刻還是退縮了。也許是因為女追男，也許是因為年齡差，也許是因為對方已經有戀人，在你放棄的時候，你是怎麼想的呢？

02 避免功虧一簣的注意事項

上一節課，我談到了告白前的心理建設和關係評估。相信你已經理解了表白的真正內涵，同時，也做好了告白形式的取捨。

表白這件事，非常因人而異。對方喜歡的，你不一定擅長；你願意採取的，又不一定能切中要害，可萬變不離其宗，告白總有一些方法可用。

這節，要教你兩個切實有效的告白方法。第一個叫排除法，第二個叫構築法。排除法，就是有幾種表白形式，看起來很酷炫，可我鄭重建議你繞道走，千萬別用！

很多奇葩電視劇和中二網路文章，總有一些既奇怪又唐突的表白形式。可能在文學化的場景中，這樣表白效果不錯；但人生不比歌謠，真用在日常生活中，基本不可能有積極作用。

除此之外，還有一種作秀式表白，在朋友圈常常看見。我不否認，有些作秀式表白，既有真摯的感情基礎，也起到了非常好的效果。但我充滿善意提醒你，看看就好，請勿輕易模仿。

為了避免表白時折戟沉沙，我建議你就不要考慮下面這幾種形式了：

第一種形式，就是講排場的表白。我上大學時，特流行排場式表白。男生向一個女生表白，恨不得整個女生住宿區都知道。

典型場景是跑到女生寢室樓下，蠟燭擺成心形，拿把吉他就開唱。有時候，女生一驚喜，哭得梨花帶雨跑下樓，大喊「我同意！」但更多時，女生兜頭一盆洗腳水就潑下來了。

北京有個地方，叫世貿天街。你在這條街上逛，會發現超大號的螢幕！這個超大螢幕可以分時出租，所以動不動就被租來表白和求婚。

我不推薦講排場的表白。排場這東西，很多時候會給對方帶來負面的感受，比如壓迫感或是害羞感。如果你和對方的情感基礎相當牢固了，排場越大，當然意味著你心越誠，對這事越重視；可如果對方沒那麼喜歡你，你這麼搞，人家就很尷尬了。於是在對方眼裡，你就成了爛桃花。

如果對方打從心裡喜歡你，你搞搞排場，對方當然覺得白馬王子帶著一幫隨從來接我了！可如果對方不拿你當盤菜，還弄那麼大排場，又會怎麼想呢？恐怕會覺得你這壓根**不是表白而是綁架。我要是不答應，就裡外不是人**。

第二種形式，就是馬拉松式告白。硬要耗著，死纏爛打。你不同意？我就不閉嘴！這種表白，約等於背誦一篇題目是《我對你的愛》的十萬字作文。如果要表白，我們必須學會站在接收方的角度，換位思考。穿上他的鞋，想一想對方如果面對這種表白，大概會作何反應。

假設有個人跟你表白，可他不好好說話，尬聊了一小時四十分鐘他有多愛你，他都怎麼愛你了，他付出了多少，他以後怎麼肯定對你好。你什麼感覺？即便**最後你同意了，我想也不是因為被他感動，而是嘮嘮叨叨得實在很煩**。

你可千萬別以為表白時間長，就意味著長情。恰恰相反。把對方逼煩了，反而會給關係打上負面烙印。

第三種表白誤區是生硬與直接的要對方給句話。講排場的表白像綁架，馬拉松式表白像詐騙，這種表白，像搶劫。不知道從什麼時候開始，很多男生認為，「壁咚」表白，效果棒。

比如我認識的一個大哥，他表白的方式就非常簡單直接，找個機會把對方逼到牆角，然後一壁咚，大哥就開口了：「妳就說一句話，妳要不要跟我交往？」大哥，您是來表白的，還是來打架的？

最後一種，就是拿錢砸出來的表白。表白不談情，而是買包包，要是你家有礦，還能送臺豪車。現在很多男生以為女神不鳥我，是因為錢砸的不夠多，換個角度想，如果**你的愛情是錢砸來的，想維持它，最重要的資源是錢還是愛？**

所有用錢砸下來的愛，它的基因裡就帶著物質屬性。靠情感培養起來的愛，情感元素是它最核心的原動力。

有的同學可能會反駁我：「我兄弟、同學、閨蜜都是這麼表白的，人家也成功了！」那很好啊，如果這樣表白成功了，想必他們的感情基礎非常牢固。但我依然堅持我的觀點：「你怎麼知道，現在表白的這個對象，就是這輩子最終的真愛？」萬一你們哪天分手了，遇到了一個特別優秀的人，你們也真的很合適。可就因為你選擇了錯誤的表白方式，功虧一簣，你說虧不虧？

表白這個東西很奇怪，你在上面放的花招越多，成功的可能性反而越低。你要是給它強加了太多外在的東西，效果反而會打折扣。

所以，接下來我們要談的，就是構築簡約而不簡單的表白，由三個部分組成，分別是關係基礎、良好體驗、未來願景。

如果你們缺乏關係基礎，對方根本不把你當自己人，表白無從談起。良好體驗同樣重要，你看別人求婚，先布置一下特殊場地，再單膝跪地，好多朋友來助陣，最後拿出來好幾克拉的大鑽戒，情真意切的說：「嫁給我，好嗎？」女生感動，也就同意了。體驗很良好呀！

但被壁咚的體驗很差，被強吻的體驗很差，被迫聽宿舍底下彈吉他的體驗也很差。這些表白，體驗良好的往往是表白的發出方，而非接收方，說難聽點，「自嗨」的表白，怎麼可能成功？

至於未來願景，就是上節談到的「對於未來關係發展的共識」，此不贅述。如果你要表白，就要從根本上搞明白這三個要素：你跟對方關係基礎如何、良好體驗怎樣、未來願景強不強？

有關係基礎、有良好體驗、沒未來願景，你們就是一輩子的哥們；有良好體驗、有未來願景、沒關係基礎，這叫有緣無分；有關係基礎、有未來願景、沒有良好體驗，那就是表白玩過火了。

為了讓你構築優質的表白，我最後要講講三個注意事項。

第一個，表白是兩個人的事，人多添亂。婆媳關係之所以難處，就因為除了是兩個女人之間的事，實際上還牽扯著一個既當老公、又當兒子的男人。同樣，表白時，你要打造和對方直接與單純的關係，不要聊對方的前任、自己的前任、當下的情敵，或者別的什麼亂七八糟的。只有你和她，其他人都不能，也不該構成額外的決策因素。

第二個建議，表白前複習一下關係縱深理論，它不僅能幫助你跟對方從路人到朋友，還能幫助你尋找到表白的節點。

第三個建議，其實更是個提醒：表白是重要的關係節點，不管你跟這個人現在是什麼關係，只要表白了，這段關係一定會改變。

比如你們現在是朋友，表白之後，如果沒成功，那你們不可能還是以前那種朋友了。**表白是關係的催化劑。所以，決定表白前，你還真的要思量潛在風險。可能並不僅僅是對方「沒同意」，更可能因為操作失誤，導致關係崩盤。**

總之，關於表白，你需要知道的就是這麼多：一個是排除法，排場大的表白、馬拉松式告白、生硬的表白、拿錢砸的表白，都是不可取的。還有一個是構建法，**表白需要三個要素，缺一不可：關係基礎、良好體驗、未來願景。**

此外，還有要注意的三點：表白是兩個人的事，需要考量關係縱深發展理論，必然會讓關係產生變化。

03

脫單的關鍵：你願意走出舒適圈

前面談了顏值、性格、相親、逼婚、吃醋等跟愛情相關的話題，這一節，我們聊另一個很關鍵，但是很多人壓根沒想到的關鍵要素：你的情感舒適區。在這節中，我會先幫你理解什麼是舒適區，為什麼會有舒適區，以及該怎麼走出舒適區，完成脫單的關鍵一步。

我先問你一個問題：「你覺得自己是那種能接受閃婚的人嗎？你覺得閃婚可靠嗎？」按照本書的慣例，我還是先講個故事。

我有個表妹就是閃婚。她是背包客，不是那種文青，而是那種有點野性美的女孩，興致一來，拎著雙肩包和單眼就出門了。她十八歲以後，我就沒見過她穿裙子，永遠都是俐落的裝扮。

我覺得，如果把我跟她同時扔到哪個需要絕地求生的嚴酷環境裡，別看我是個大男生，說實話，我覺得她生還的概率要比我大多了。人家跟我這種長年坐辦公室的人比起來，膚色更健康，精力也更充沛。

我跟這表妹交道打得不多，畢竟實在沒啥相似性嘛。我只知道，她最近幾年頻繁換工作，每年拿了年終就辭職，趕著過年前後旅遊的淡季，趁有錢有時間，穿上衝鋒衣就去歐洲。

某年年末二十九號晚上，她從歐洲打了通電話給父母，說這次旅行結識了一個信賴的旅伴，準備回了國就結婚。當時，他們認識才十五天，雙方父母對那個即將成為自己家庭新成員的人，連名字是什麼都不知道。

表妹的爸媽被這個「閃婚」消息打了一個措手不及，有點不解，有點疑惑，有點擔憂，就跑過來找我。我勸他們：「旅伴和伴侶，聽著也差不多嘛！」旁邊坐著的我媽聽到，狠狠瞪了我一眼。幾年過去，他們夫妻倆照樣情比金堅，照樣選每年過年時出門旅遊，能走多遠就走多遠。

以前，人們總覺得這樣的閃婚太草率，對閃婚頗有微詞。到了今天，閃婚的討論早就掀不起什麼波瀾了，但人們卻沒意識到，閃婚的對立面卻是今天的年輕人面臨的大問題。

閃婚是快速高效的建立一段親密關係，但現今很多人，卻特別抵抗甚至恐懼跟別人建立起這種關係，習慣了一個人，突然要走進兩個人的生活，沒法說適應就適應。

有的人是自身條件優秀，但就是走不進長期關係；有的人是單身太久，在親密關係中水土不服；還有的人帶點害羞和自責，覺得自己沒法給對方提供最好的，於是決定提前退場。然後呢？然後就是跟愛情甚至姻緣失之交臂，要麼沒心沒肺繼續單身，要麼悔得腸子都青了，也照樣沒招。

但我覺得，以上說的種種現象，其實都是表象，無法建立長期親密關係的本質，其實就是你捨不得走出自己的情感舒適區。

我們先看看，何謂舒適區。舒適區是一種人際環境和心理狀態，當你身處其中時，總是會感覺舒服一點。它可能是肥宅快樂水，它可能是輕鬆爆笑的網綜節目，它可能是一個你特擅長的小眾遊戲。哪怕你有再大的壓力，再棘手的問題，它都是一個能讓你躲藏其中的安全屋。

對不少人而言，它有點類似於惰性，因為你總不願意放棄身處其中的輕鬆，而沉溺於此。身處於舒適區中，你會得到一種安全感，這種安全感，解釋了你為什麼在備考的時候刷劇，在專案卡關時暴食，在長期親密關係前望而卻步。

很多人都覺得自己有拖延症，但是說穿了，這根本就不是個病，更多的是一個文化定義。啥叫拖延症？從表面上看，明明知道只要狠下心來專注搞他兩個小時，就可以解決久久壓在你心上的大石頭，你卻依然玩電腦、滑手機、看影片、甚至洗了個澡，直到截止日已經貼到臉前，才去做那件你遲早要做的工作。

說得直白點，既然有壓力，就先打把遊戲壓壓驚，同樣的，覺得面對長期穩定的雙人關係有壓力，那就靠自己一個人過日子壓壓驚。

注意，我在這裡可沒有使用「飲鴆止渴」這樣的詞彙。因為我覺得，如果你拿獨處當舒適區，肯定有自己的道理，我沒資格評價你。或許是因為上一段感情受過傷，或者是因為對長期親密關係的反感與不信任，或許是很理智發現你負擔不起兩個人的生活，總之，我相信你一定有自己的原因，這沒什麼可丟人的，更不用被批判。

但是，我還是想跟你談談我的看法，我們面對情感舒適區，能做點什麼？首先，你要明白，舒適區的存在，必然有其道理。皮褲套棉褲，必定有緣故（中國歇後語，指事出必有因）。

舒適區能幫助人們規避更多的潛在風險。但你要明白，恰恰因為舒適區與我們的本能有關，我們才更要嚴肅認真的分析它，再提高我們自己的能力。有的人跳出舒適區，還處理的不錯，自我更新了，世界廣闊了，也找到了真愛。

就像我一個之前在公司工作的朋友，原本舒舒服服的生活著，但一狠心辭職創業，打拚了幾年後，現在給自己找到了一個品質更加上乘的舒適區。可我們不能光看賊吃肉，不看賊挨打。

辭職創業成功的人多，還是辭職創業失敗的人多？人一旦脫離了舒適圈，從表現到心情，都有可能暴跌一半。如果你的舒適區是在自己擅長的領域，做自己擅長的事，那離開也許並不明智。我不想給你猛灌「跳出舒適區，去找到更好的自己」

這種老掉牙的陳年雞湯，我知道你有舒適區肯定是有苦衷，我希望你能做的，是**別被舒適區蒙蔽，可以好好分析一下自己的客觀情況，然後做出理智的決定。**

其次，如果你真的要跳出舒適區，第一件要做的不是跳，而是要知道跳到哪。馬修．埃蒙斯（Mathew Emmons），這名字你八成沒印象吧？他是奧運會世界冠軍級的射擊選手，他最大的問題不是射不準靶心，而是射不準自己的靶心。

雅典奧運會和北京奧運會，連著兩屆奧運會，他都在比賽裡，把子彈打到別人的靶心上，二〇〇八年甚至跟冠軍失之交臂。這說明能力突出，準頭不夠，照樣得不到好結果。

二〇〇四年在雅典，他打到別人靶上那一槍，取得了十．六環的好成績，所以他心情非常糟糕走下了賽場。但晚上他去喝悶酒，一位金髮女郎過來安慰了他一句：「其實這沒什麼。」

這個叫卡特蓮娜（Katerina Emmons）的女人，同是奧運會射擊比賽的參賽選手。這杯酒喝完沒過幾天，她就成了馬修的女友，如今人家孩子都生了。所以，如果你要跳出情感的舒適區，一定不要學馬修打靶，跳偏了地方，但一定要學馬修娶對了人。

很多人不敢跳脫舒適區，是因為舒適區外的可能性太多。比如，你的舒適區是玩遊戲《絕地求生》（俗稱吃雞），今天如果你要跳出舒適區，你只知道這意味著「不玩吃雞了」，但「跳出」這件事並不能直接指導你該去做什麼。

沒錯，你是不吃雞了，但你是去玩《王者榮耀》呢？還是看論文呢？還是跟女孩子表白？所以，把你跳出舒適區的行為具體、細化，找到自己的方向，是用勁往外跳的重要前置工作。而**談到把目標具體化，最直接好用的方法，就是把目標做「視覺化」處理，讓目標看得見摸得著。**

比如，女孩子對自己的婚禮預期，往往就能做到非常視覺化的處理。什麼婚紗、什麼舞臺、什麼燈光都想得很具體。已經有很多研究證明了，把目標視覺化，可以提高人對目標的投入度和自我認同度。

同理，你也要對舒適區外的生活目標，做視覺化處理，如果你們住在了一起，會是什麼樣的生活？你們有沒有養一條狗？你們有沒有把衣服晾在陽臺？你們有沒有一起蜷縮在沙發裡，看一部特別無聊的愛情片？

如果你不設立具體目標，那對未來的無知感就會拖住你的腳步。人為什麼怕黑？不是因為黑本身可怕，而是因為人害怕不知道黑暗裡有什麼東西。所以，如果你想跳出舒適區，除了想明白跳不跳之外，還要選擇好舒適區外的發展目標，並做好目標的具體化工作。

最後，如果你無法說服自己走出舒適區，你可能需要提升的是另一種跟自己交流的技能：反駁自己。很多人想走出情感上的舒適區，但是苦於一種「沒錯，但是……」的假設。

「你想不想要一段長期穩定的親密關係？」「沒錯，我想要，但是……」這個但是後面，可能加上許多補充說明，比如沒錢沒房沒車，比如還沒有做好準備，比如覺得自己配不上對方等。

所以，與其逼自己說服自己，不如學會反駁自己的種種顧慮。這種反駁也是有方法論的，它由蒐集證據、做出選擇和化解災難這三步驟組成。這三步合起來，就是針對於舒適區惰性的「反攻計畫」。

我來詳細說說，因為這真的挺有用的。比如你現在跟對方處得不錯，只要表白成功，就可以確立戀人關係了。你想跟對方好好發展，但還是有個顧慮——在北京這樣的大城市，我混了這些年，雖然手頭攢了點錢，但還遠遠不夠付房子頭期款的標準，怎麼辦？

第一，蒐集證據。過去的這幾年，我從技術水準到職場發展，整體上還是穩中有升的，雖然不至於一夜暴富，但是只要繼續這麼發展下去，情況總體上還是樂觀的。

而且現在我所處的這家公司也還說得過去，雖然不是國內龍頭級別的，但好歹也有點核心競爭力，況且行業整體發展走勢也不錯。所以整體上看，這錢肯定是越攢越多，不是越攢越少的。

況且我這人雖然錢不多，但北京裡錢多的人，有幾個像我這樣年輕的？我現在想表白的這位，應該不是那種喜歡找比自己大十幾歲，然後讓自己少奮鬥二十年的那種女孩呀。類似的證據，都可以幫助你來反駁之前的舒適區認知。

第二，做出選擇。表白吧，可能會成功，也可能失敗。如果成功，要讓對方知道，恐怕還是得一起奮鬥個幾年，但是在奮鬥中，也能培養真感情，而且我這人可信賴，肯定不做對不起對方的事。如果失敗呢，其實也還好，畢竟還有沉沒成本，總這麼吃飽閒著那不是個事，對對方對我其實都不好。

如果不告白，再觀望，也兩個結果，一是感情放著放著就涼透了，一個是對方忍不住，跑過來找我攤牌，那我該怎麼應對？藉由以上這些設問，來尋找決策的方向——別太悲觀，也別瞎樂觀。

第三，化解災難，這是個重點。很多時候，人們在跳出舒適區時，會有一種「萬一」思維。萬一她沒答應我，跟我連朋友都當不成了呢？萬一她答應了我，但要求我兩年之內必須把房子首付攢夠了呢？

這些都是災難性假設，它會讓你更加不敢跳出舒適區。所以，這時我們就需要給自己提前打好預防針，如果災難真的發生了，該怎麼辦？要知道，大多數情況下，事情並沒有按照最壞的情況發展，但是擔憂最壞的情況，往往會讓人喪失嘗試的勇氣。

所以，一定要制定一個應對這種悲觀設想的認知演練。比如「她如果給我兩年時間攢首付，那我得算現在這個收入，兩年能存多少錢。這點錢加上我原來攢的，其實在六環交通要道外倒是也能付個首付頭期款，但是，如果我找家裡老人拿點，可能還會往城裡挪一挪。

這房子遲早都要買，我媽倒是應該能給我支持點，畢竟買也是寫我的名字，哪怕這個女朋友吹了，未來結婚時不還是要買房嗎？況且，我現在喜歡的這個女孩那麼善良，就算要求我這兩年付首付，我覺得八成也是用這種方法鞭策我努力工作好好發展，順便看看我人可不可靠，一定不是真的狠心說非要有房子才嫁，那我這兩年好好表現，也許她就改變了。」

以上這三步，就是反駁自己的三步法。總之，人人都有情感舒適區，靠著它，得到一種非理性的安全感，卻也錯失了不少好姻緣。如果想跳出舒適區，需要認識到三點：

第一，跳出舒適區不一定適合每個人，有可能得到收益，也有可能遭遇風險；第二，光離開舒適區是不夠的，還要設立跳出後的目標，這樣才能有的放矢；第三，想跳出舒適區，必須學會反駁自我，它有三個步驟——蒐集證據、做出選擇、化解災難。

結語
性之所近，力之所能

本書內容告一段落，我們談了很多跟愛情相關的話題，這裡，我再講最後一件發生在我和我妻子之間的事。

在我剛和我的妻子談戀愛時，她的職位比我高，收入是我的兩倍，長相比我強得多，母校比我的母校更知名，甚至從廣泛意義上而言，她還是一個比我更招人喜歡的人。

其實當年，我沒怎麼追求她，她也沒怎麼熱情回應我，看上去像追求的互動，大家就是莫名其妙走到了一起，走到了今天。在戀愛初期，我很惶恐，惶恐的同時，又不敢在這段戀情上用力過度，怕把火候弄得過猶不及。

我小心翼翼的問我的妻子，為什麼要和我談戀愛。她說：「因為和你相處的時候，我很快樂。」一直到今天，這句話依然是成立的。在我們結婚的那天，我們相對而立，側面站著神父，我們左手各拿著戒指，右手相握，準備迎來宣誓的環節。

還沒說話，妻子已經淚眼婆娑了，然後我就眼看著她把自己的新娘妝哭花，與此同時，我們兩個的手卻都不能空出來，擦拭這些淚水。

在神父念禱文的過程中，我的妻子雖然算不上淚崩，說涕淚橫流一點也不為過。在她的對面，正在醞釀情緒、剛剛有點調動起來淚腺的我，注意力全集中在了她的臉上。看著她一行眼淚在唇角和涕液融合，越滾越大，最終啪嗒一聲落在了她潔白的婚紗上。

那聲音很小，但我分明聽到了。而且，就在你的面前，那一顆不容忽視的水珠，像核彈一樣砸在了婚紗上，對我而言，實在裝不出來視而不見。

我覺得這件事太有趣，於是在這樣的場合下，我非但沒有哭，剛剛醞釀出來的流淚意願瞬間蕩然無存，我露出了驚訝而戲謔的表情，強憋著笑聲，滿臉笑容，樂得身體都有些抖動。

這讓神父始料未及，他狐疑的看了我一眼。而站在我妻子後面的娘家人更是一頭霧水，他們聽到的只有我妻子的啜泣聲，冷不防看見女婿突然開始面露笑容，又不知道到底發生了什麼。

妻子立刻會意了我為什麼會笑，瞪了我一眼，破涕為笑。我很珍惜類似這樣，在親密關係中的美好瞬間，就算不好分辨其中具體的情緒感受，這起碼是一件很有趣的事情。當我們老了，提起這件事時，我們肯定都還會記得。愛情本身就被賦予了積極的情感基調，而正面的感受，應當是縱貫親密關係的真正主線。

可惜，很多人眼裡的愛情從開始到結束，都有必要被加以一種悲劇式的解讀，比如追求。

大一時，同學們剛剛掙脫高中的束縛，對很多人來說，談戀愛成了一件箭在弦上不得不發的事情。面對男生的追求，我們班的某個女生提出了「給我寫滿一百封情書我就答應你」的要求。而這個男生，真的就立刻著手辦了這件事情。一百封情書寫罷，有情人終成眷屬的故事倒是沒有持續多久。

很多情況下，我們在追求他人時，過分強調感動對方，而忽視了真正能促進兩個人在一起的，恰恰是兩個人在一起的時候都感到舒服。**讓人家跟你在一起的前提，是對方和你共處不難受，而不是一直提醒對方「我為了你如何如何；我給了你什麼什麼；因為要跟你在一起，我犧牲了多少」**。

我們要的是戀人（讓彼此舒服的角色），不是苦情的普羅米修斯（獻身的角色），你做了這麼多，謝謝你，但恐怕我不能和你在一起。

比如相處。很多戀人，相處時間一長，不知怎的就變成了仇人。很多話與很多事情，我們明明知道會傷害我們深愛的對方，但有的時候就是說得出口、下得去手。或者有些毛病，我們明明知道對方並不喜歡，而自己加以改變的成本也不算太大，卻遲遲不願意去改變。

再比如分別。當有一天，與昔日戀人，就算不再相濡以沫，也往往做不到相忘於江湖。好的時候如膠似漆，分的時候恨不得把對方挫骨揚灰。

真正面對親密關係的方法和態度，我想應該是「努力與友善」（Try Hard & Be Nice）。親密關係不管多麼複雜，終歸是一種人與人相處的關係，這個道理很多人都懂。好好辦事，好好說話，盡己所能的來提升改善自己的親密關係。

然而，再怎麼辨好事、說好話、更正確的盡己所能，人們都想當然的做著自認為正確的嘗試。為這些嘗試所提供的參考，起碼在心理學方面是很欠缺的。

當我們用心理學的視角聊到親密關係，我們到底在聊什麼？我們不說愛情的偉大，也不說愛情在美學與哲學層面的分析。我們只是用心理學的研究方法，對這種特殊的人際關係加以分析，通過調查和實驗，總結在生活中能夠行之有效的指導意見。

藉由心理學，我們知道那些婚姻滿意度高的戀人，到底做了什麼具體的努力；利用心理學，我們知道那些在童年沒有形成良好依戀類型的人，在親密關係中將面對怎樣的挑戰；透過心理學，我們得知所謂的一見鍾情，到底是不是丘比特胡亂的扯弓弦；藉由心理學，我們認知當我們說愛上一個人的時候，我們到底是愛上了對方的什麼。

我們都知道，該以更好的狀態投入愛情，而其本質，是在科學上，擁有對親密關係加以控制的覺知和能力。在一次演講上，說到大學生們選專業和做學問，胡適引用了清代史學家章學誠的話：「性之所近，力之所能。」

尋找人生伴侶又何嘗不是呢？只是，作為親密關係的參與者，你可能並不知道自己性之所近在何處，力之所能在哪端。希望我的書，在一定程度上，幫到了你，再見。

國家圖書館出版品預行編目（CIP）資料

墜入情網的科學方法：愛情的非受迫性心理學，激起多巴胺讓好事發生 / 葉壯著. -- 初版. -- 臺北市：任性出版有限公司，2022.03
240面；14.8×21公分. -- （issue ; 36）
ISBN 978-626-95349-4-4（平裝）

1. 戀愛　2. 兩性關係

544.37　　110020560

issue 036

墜入情網的科學方法

愛情的非受迫性心理學，激起多巴胺讓好事發生

作　　者／葉　壯
責任編輯／江育瑄
校對編輯／連珮祺
美術編輯／林彥君
副 主 編／馬祥芬
副總編輯／顏惠君
總 編 輯／吳依瑋
發 行 人／徐仲秋
會計助理／李秀娟
會　　計／許鳳雪
版權經理／郝麗珍
行銷企劃／徐千晴
業務助理／李秀蕙
業務專員／馬絮盈、留婉茹
業務經理／林裕安
總 經 理／陳絜吾

出 版 者／任性出版有限公司
營運統籌／大是文化有限公司
臺北市 100 衡陽路 7 號 8 樓
編輯部電話：（02）2375-7911
購書相關資訊請洽：（02）2375-7911 分機122
24小時讀者服務傳真：（02）2375-6999
讀者服務E-mail：haom@ms28.hinet.net
郵政劃撥帳號 19983366　戶名／大是文化有限公司

法律顧問／永然聯合法律事務所
香港發行／豐達出版發行有限公司 Rich Publishing & Distribution Ltd
香港柴灣永泰道 70 號柴灣工業城第 2 期 1805 室
Unit 1805, Ph. 2, Chai Wan Ind City, 70 Wing Tai Rd, Chai Wan, Hong Kong
電話：（852）2172-6513　傳真：（852）2172-4355
E-mail：cary@subseasy.com.hk

封面設計／陳皜　內頁排版／思思
印　　刷／鴻霖印刷傳媒股份有限公司

出版日期／2022年3月 初版
I S B N／978-626-95349-4-4（缺頁或裝訂錯誤的書，請寄回更換）
電子書ISBN／9786269571024（PDF）
9786269571031（EPUB）

Printed in Taiwan
定價／新臺幣 360 元